나도 한번 해볼까?

따뜻한 말에 마음이 머물다

나도 한번 해볼까?

송란교 지음

도서출판 천우

| 작가의 말 |

『난향蘭香, 그물에 걸리다』 첫 시집과 『예쁜 말 예쁜 미소 예쁜 인생』이라는 인문 교양서적을 출간한 이후 줄곧 '말이 주는 그 놀라운 축복'이라는 주제로 글을 써왔다. 〈성동신문〉에 「송란교의 마음 산책」을 연재하면서 말과 말 사이에 아름다운 공간을 만들고, 따뜻한 말을 심어 보고자 노력했다. 예쁜 말로 예쁜 인생을 엮어가는 여정이라 생각한다. '예쁜 미소로 세상을 환하게 이웃을 편하게'라는 커다란 현수막을 내걸고 행복한 인생을 찾아 나섰다. 그 여정에 "따뜻한 말에 마음이 머물 수 있는 글"들을 모아 『나도 한번 해볼까?』라는 책으로 엮는다.

처마 끝에 둥지를 트는 제비처럼 여기저기서 진흙을 파오고 지푸라기도 물어왔다. 입으로 쪼며 침을 발랐다. 그리고 발가락으로 힘 있게 다졌다. 그러는 사이 어린아이 손바닥 크기의 보금자리가 만들어졌다. 집주인 몰래 세 들어온 어른 제비들은 바쁘다. 노랑 입 크게 벌리기 시합에 여념이 없는 제비 새끼의 귀여움을 무엇에 비하겠는가? 배가 더 많이 고픈 녀석이 입을 가장 크게 벌린다. 그러면서 어미의 사랑을 골고루 받아먹는다. 시절의 변화에 순응하면서 타향살이를 극복해가는 제비의 일생이 우리가 사는 인생과 무엇이 다를까? 배고픈 설움보다 집 없는 설움이 더 간절하기에 타지로 오자마자 집부터 짓는다. 세간살이는 천천히 정리해야겠다.

이만의 제13대 환경부 장관의 따끔한 지적과 송영진 컨설턴트의 따뜻한 격려, 「송란교의 마음산책」 코너를 준비해주신 성동신문 이원주 대표님, 그리고 이 책을 출판 할 수 있도록 예쁜 마음으로 도와주신 도서출판 천우 김천우 이사장님과 편집부 직원분들에게 감사의 마음을 전합니다.

2021년 10월

지란지교 송란교

| 차례 |

| 제2장 | 맛있는 말, 가시는 빼라!

| 차례 |

| 제3장 | 시원한 내 웃음 사세요!

| 제4장 | 따뜻한 말에 마음이 머물다

제1장

내 복은 누가 키우나?

1
나는 뭘 좋아하지?

내가 하고 싶은 일을 너는 좋아하지 않고 네가 하고자 하는 일을 내가 싫어할 수도 있다. 내가 좋아하는 것과 네가 좋아하는 것이 같을 수도 있지만 다를 수도 있다. 싫어하는 것도 마찬가지일 것이다. 내가 좋아하는 것을 하지 마라 하고 내가 싫어하는 것을 하라고 강요한다면 어찌 될까? 이해理解와 존중尊重과 화목和睦 보다는 비난과 다툼과 헤어짐이 발생하지 않을까?

공자孔子는 일찍이 **기소불욕물시어인**己所不欲勿施於人, **'자기가 하기 싫은 일은 남에게 하게 해서는 안 된다.'**(논어, 위령공편)라고 강조한 바 있다. 자신이 하기 싫은 일은 다른 사람도 마땅히 하기 싫어할 것이기 때문에 내가 원하지 않는 일을 남에게 강요해서는 안 된다는 말이다. 내가 다른 사람에게 굽실거리고 싶지 않으면 다른 사람이 나에게 굽실거리는 것을 바라지 말아야 하듯이, 서로의 입장을 존중하며 다른 사람의 인격을 인정해야 한다는 가르침이다.

기욕달이달인己欲達而達人, 자신이 출세하고 싶으면 다른 사람도 마찬가지일 것이라 생각하고 다른 사람을 먼저 출세하게 해 주어야 하는 것이며, **기욕입이입인**己欲立而立人, 자신이 입신立身을 바라면 다른 사람도 입신하도록 해주어야 한다(옹야편)고도 하였다.

중국의 정치사상가 관중(管仲)은 백성들이 하고 싶어 하는 것은 사욕四欲으로 일락佚樂, 부귀富貴, 존안存安, 생육生育. 싫어하는 것은 사오四惡로 우로憂勞, 빈천貧賤, 위추危墜, 멸절滅絕로 나누었다. 그러면서 이것을 잘 지켜내면 사유(四維 : **예의염치; 禮, 義, 廉, 恥**)가 바로 설 수 있다고 하였다.

〈관자〉 '목민'편에서 政之所興在順民心, 政之所廢在逆民心. 民惡憂勞, 我佚樂之; 民惡貧賤, 我富貴之; 民惡危墜, 我存安之; 民惡滅絕, 我生育之. … 故從其四欲, 則遠自親; 行其四惡, 則近者叛之. 故知予之爲取者, 政之寶也. (정치가 흥하는 것은 민심을 따르는 데 있고, 정치가 피폐해지는 것은 민심을 거스르는 데 있다. 백성은 근심과 노고를 싫어하므로 군주는 그들을 편안하고 즐겁게 해줘야 한다. 백성은 가난하고 천한 것을 싫어하므로 군주는 그들을 부유하고 귀하게 해줘야 한다. 백성은 위험에 빠지는 것을 싫어하므로 군주는 그들을 보호하고 안전하게 해줘야 한다. 백성은 후사가 끊기는 것을 싫어하므로 군주는 그들이 후손을 낳고 잘 가르치도록 해줘야 한다. … 백성이 원하는 네 가지 욕망을 채워주면 멀어진 사람도 저절로 가까워진다. 백성이 싫어하는 네 가지를 실행하면 가까운 사람도 배반한다.

그러므로 백성에게 **주는 것이 도리어 받는 것임**을 알게 하는 것이 정치의 보배다)라고 하였다. 관중은 또한 백성들은 '사욕'을 기대할 수 있으면 '사오'를 기꺼이 받아들이고 실행한다고 하였다. 다른 사람에게 먼저 베풀고 나중에 돌려받는 것이 순서일 텐데 요즘에는 자꾸 그 순서를 망각하고 사는 날이 많아진다. 나의 텅 빈 뱃속을 이 세상 누가 채워 줄 수 있을까를 더 많이 고민한다. 내가 내 속을 채워주지 못하는데 누구의 뱃속을 채워줄 수 있단 말인가?

반백 년을 넘게 살아왔음에도 내가 원하는 것을 아직도 잘 모르는데, 다른 사람인들 나를 어찌 알겠는가? 상대가 원하는 것이 무엇인지, 상대가 원하는 것을 해준다는 것은 결국 관심으로 되돌아간다. 그 사람에 대하여 관심을 갖지 않으면 그 사람이 무엇을 원하는지, 무엇을 갖고 싶어 하는지, 무엇을 하려고 하는 지 도무지 알 수가 없다. 지레짐작, 내 생각대로 내 맘대로 넘겨짚으면 대부분 정답이 아닌 틀린 답을 고르게 된다. 그래서 해주고도 욕을 먹고 도와주고도 좋은 소릴 못 듣는 것은 아닐까. 결국 상대가 원하는 것을 알려면 관심이 필요하고 정성이 필요하고 시간이 필요하다. **머리보다 마음이 먼저 알아보는 그런 사람**, 볼수록 따뜻함이 묻어나는 그런 사람이 내 곁에 오래 머물 수 있도록 지금 아낌없이 베풀어라. 그리고 사흘 동안 굶주린 매의 눈으로 그 사람에게 관심을 가져라.

참새는 하늘과 친하게 지내고 물고기는 물과 친하게 지내고 노랑나비는 예쁜 꽃과 친하게 지낸다. 그들은 왜 친하게 지낼까?

2
언제나 내 편이 되어 주는 고마운 벗

벗은 또 다른 나의 모습이다. 마테오리치는 벗을 '나의 반쪽'이며, '제2의 나'라 하였다. 연암 박지원은 '피를 나누지 않은 형제'라고 했다. 언제 어디서나 어떤 상황에서나 내 편이 되어 주는 단 한 명의 진실한 벗만 있어도 인생을 아름답게 살고 있다 할 것이다. 또 그런 벗이 있다면 이 험난한 세상을 함께 헤쳐 나갈 지혜와 힘을 얻을 수 있고 마음 또한 든든할 것이다. '벗을 삼다', '벗하다', '벗을 트다'는 말들은 만남에서 서로 허물없이 친하게 사귄다는 뜻일 게다. 한자인 우友는 왼손을 나타내는 수手자와 오른손을 나타내는 우又자를 어우른 글자로, 손을 마주 잡고 서로 도우며 더불어 친하게 지낸다는 뜻을 담고 있다. 벗과 같은 뜻으로 쓰이는 말로는 친구, 동무, 우인友人, 붕우朋友, 동료, 동지 등등이 있다.

가슴속에 오래 남아있는 벗들과 아름다운 우정을 나누었던 경험들이 있을 것이다. 벗과의 참다운 우정은 삶에 동력을 준다. 그래서 우리는 벗을 통해 세상을 살아가는 방법을 묻고 답을 얻기도 한다. 법정 스님은 '무소유'에서 '같이 있는 시간이 지루하게 느껴지면 좋은 친구는 아닐 것이고, 벌써 이렇게 됐어. 라고 할 정도로 같이 있는 시간이 빨리 흐른다면 그는 정다운 사이일 것'이라고 했다. 유안진 시인은 '지란지교를 꿈꾸며'에서 '저녁을 먹고 나면 허물없이 찾아가 차 한 잔을 마시고 싶다고 할 친구가 가까이 있었으면 좋겠다'라고 했다. 공자孔子는 사귀어서 유익한 세 부류의 벗과 해害가 되는 세 부류의 벗에 대해 말한 적이 있다. 논어論語 계씨편季氏篇에 나오는 것으로 '**익자삼우**益者三友'는 우직友直, 우량友諒, 우다문友多聞이다. 정직한 사람, 성실한 사람, 견문이 풍부한 사람을 벗하면 도움이 된다는 것이다. '**손자삼우**損者三友'는 우편녕友便佞, 우선유友善柔, 우편선友便羨이다. 언변이 좋으나 심술이 바르지 않아 아첨을 잘하는 사람, 유순한 척하면서 성실하지 못한 사람, 탐내고 부러워만 하는 사람을 벗하면 해가 된다는 것이다. 불경에서는 선우善友와 악우惡友로 구분하기도 하였다.

고전에서 자주 언급되는 아름다운 벗 이야기를 찾아보면 '**관포지교**管鮑之交'; 절대적으로 내 편이 되어 주는 친구, '**문경지교**刎頸之交'; 잘못을 깨우친 후 목숨까지도 내어줄 정도의 우정을 말한다. 육단부형肉袒負荊, 부형청죄負荊請罪라는 단어와 연관이 깊다. '**제포지의**綈袍之義'; 옛정을 잊지 않고 의리가 있는 우정을 뜻하며 탁발난수擢髮難數와 관련이 있다. '**백아절현**伯牙絕絃'; 내가 의도한 것을 정확하게 이해하는 친구, '**지란지교**芝蘭之交'; 향기롭고 고상한 우정을 말하며,

금란지교金蘭之交도 함께 쓰인다. **'수어지교水魚之交'**; 매우 친밀하게 사귀어 떨어질 수 없는 사이, **'송무백열 혜분난비松茂柏悅 蕙焚蘭悲'**; 기쁨과 슬픔을 함께 나누는 친구를 말하여 토사호비兎死狐悲도 비슷한 뜻이다.

인생에서 허물없는 벗을 만나기도 힘들지만, 벗과 참다운 만남을 유지하면서 오랫동안 다정한 우정을 나누는 것은 더욱 힘들다. 관포지교가 지금껏 주목받는 이유도 여기에 있다. 존경과 칭찬, 인정과 배려보다 경쟁과 비난, 무시와 탐욕이 난무亂舞하는 이 시대에 관중과 포숙처럼 참된 우정을 소중하게 생각하고 오랫동안 배려해 주는 친구가 과연 몇 명이나 되겠는가? '차라투스트라'는 '인간의 상호관계 중에서 최고의 형태는 관계 맺는 자들을 창조자로 발전시키는 것'이라 하였다. 우정은 화분에 심어 놓은 꽃을 가꾸듯 정성을 들여 제대로 돌보아야 향기로운 꽃으로 피어날 수 있다. 힘써 가꿔야 한다. 마음이 잘 통하는 친구가 있다는 것은 큰 축복이다. 기쁨을 나누면 두 배가 되고 슬픔을 나누면 반으로 줄어든다고 했다. 기쁨이 두 배로 커졌을 때의 즐거움보다 슬픔을 반으로 나누었을 때의 위로받음이 훨씬 더 클 것이다. **어떤 경우라도 항상 내 편이 되어 주는 친구가 있다면 언제나 외롭지 않을 것이다.**

3
짝 없는 양말 버릴까 말까?

저는 다른 사람들에 비해 발이 조금 작다. 딸아이의 발도 저의 발을 닮았다. 그래서 딸아이는 가끔 제 양말을 신는다. 저는 조금 두툼한 양말을 무지개 색깔별로 구입 한다. 보통 2주일 동안 신을 수 있도록 넉넉하게 장만을 한다. 일주일 동안 신었던 양말을 하루 날 잡아 세탁기를 돌려도 부족하지 않을 정도다.

방금 사 온 양말은 같은 색깔 같은 무늬에 맞게 모두 짝이 맺어져 있다. 옷장에 넣을 때까지는 흐트러짐이 없다. 또한 제가 신기 전까지, 다른 사람이 흩트려놓기 전까지는 온전히 가지런하다.

딸아이는 밤늦게 운동을 하러 나간다고 불도 켜지 않은 채 옷장에서 저의 양말을 한 켤레 두 켤레 꺼내 간다. 얇은 스타킹보다 두툼한 양말이 더 좋은가 보다. 그저 발이 편하면 그만이다는 생각에 색깔이나 무늬의 구별은 아랑곳하지 않는다. 어두운 밤이라 구별하기도 어렵겠지만….

어느 날 옷장을 열어보니 양말은 쌓여 있는데 짝이 맞는 양말은 한 켤레도 보이지 않았다. 한겨울이라 배수관이 언다는 아래층 세대를 위해 세탁기를 돌리지 않았음을 깨달았다. 그러면서도 빨랫줄을 찾아보고 빨랫감 쌓아둔 바구니를 뒤집어 보면서 신을 만한 양말을 찾는다고 야단법석을 부려보았다. 안타깝게도 신을 만한 양말이 없다. 하는 수 없이 어제 신었던 양말을 그대로 신을 수밖에 없었다. 바구니에 쌓여 있는 세탁물을 한꺼번에 몰아넣고 세탁기를 돌리니 덜커덩 덜커덩거리며 힘들게 돌아간다. 힘들어하는 세탁기를 보며 미안하다는 생각을 떠올린다.

주인을 잘못 만난 양말들은 하루하루 짝꿍을 잃어간다. 보름이 지나자 열 켤레의 양말이 모두 짝이 맞지 않았다. 참 어처구니가 없었다. 혼자 신을 때는 아무 탈이 없었는데, 간혹 한두 짝 세탁기 통속에서 잠자고 있는 녀석이 있기는 해도, 여러 사람이 함께 사용하다 보니 정리가 깔끔하지 못하고 어지럽다. 저의 생각대로 반듯하게 정리되지 않는다.

저는 분명 오른쪽에 두었는데 며칠 지나서 보면 왼쪽으로 옮겨져 있다. 제가 착각을 하고 있는가 하는 생각을 해보지만, 또 다른 주인이 자리를 옮겨 놓은 모양이다. 서로 짝을 잃고서 자신의 짝을 찾아달라고 부르짖듯 옷장을 쿵 쿵 두세 번 열었다 닫았다 해본다. 그러다가 서로 비슷한 색깔의 양말을 그냥 신는다. 어느새 나도 짝을 분리하는 데 동조하고 있는 것이었다. 여러 날을 그렇게 신다 보니 제대로 된 짝꿍이 있을 수 있겠는가. 새로 장만을 해야 하나

하면서 오늘도 세탁물 바구니를 뒤진다. 이제부터는 새로 사 온 양말들이 제 짝을 잃지 않도록 꼭꼭 묶어두어야겠다.

처음에는 좋아 보이던 사람이 갈수록 실망을 안겨주면 싫어진다. 좋게 보이던 것들이 온통 거짓으로 보이고 흠으로 보인다. 첫 마음과 끝 마음이 달라진 것이다. **시작하는 마음이 좋았으면 끝 마음도 좋아야 하겠지만 그 중간중간에 다른 마음이 끼어드는 것이다.** 민심이 떠나가는 것도 누군가가 대중의 마음을 흩뜨려 놓은 것이다. 여기에 있던 마음이 자신도 모르게 저기에 놓여 있는 것이다. 분명 누군가가 옮겨 놓은 것이다. 이를 알면서도 본래의 자리로 갖다 놓으라고 외치지도 않는다. 배고픈 사람들 앞에서 '쓸데없이 배부르다' 하고 떠드는 사람을 보면서도, 하얀 것을 검다 하고 검은 것을 하얗다고 주장하는 사람을 보면서도, 우리는 모두 도긴개긴이라 여긴 듯하다. 그렇게 물들어가고 있다.

한 색깔로 일주일을 살아가면 지루하다고 다른 사람들이 일곱 가지의 무지개빛깔을 선물해주었을 것이다. 빨주노초파남보, 세상은 이렇게 수많은 빛깔과 색깔을 가지고 때로는 경쟁을 하고 때로는 동조를 하고 때로는 양보를 하면서 아름다운 무지갯빛을 만들어 내고 있는 것이다. 내가 알지 못하는 수많은 색깔이 수많은 사람들 마음속에서 빛을 발하고 있는 것이다. **너는 너대로 나는 나대로의 빛이 있고 색깔이 있지만 순서를 지키고 원칙을 지키면 아무런 혼란이 일어나지 않는다.** 스스로 발광체發光體가 되기도 하고 스스로 반사체反射體가 되기도 한다. 주고받음이 없다면 어찌 그 빛이 아름다울 수 있겠는가. 조화가 있는 질서는 아름답다.

한 평의 옷장과 한 뼘의 마음이 교차한다. 오늘은 짝꿍이 어울리는 양말을 신어야겠다.

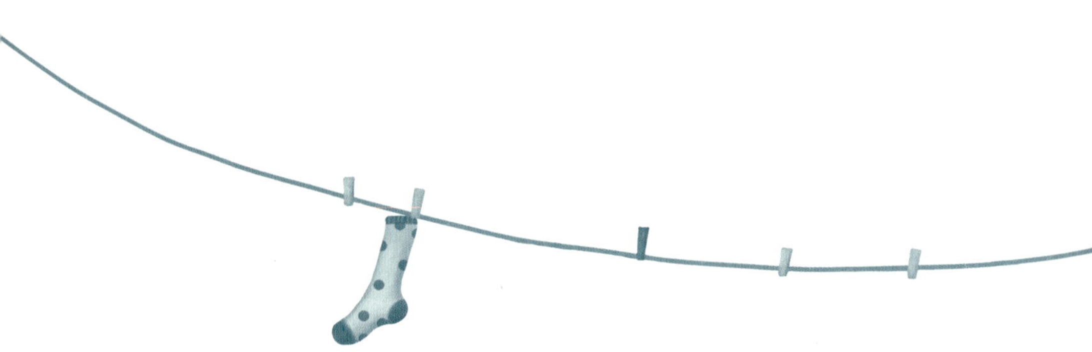

4
밥이 적다고?
아니 밥그릇이 작겠지!

'어, 내 밥이 왜 이렇게 줄었지?' '줄긴 뭐가 줄었다고 그래. 항상 주던 대로 똑같은 양을 주었는데, 오늘따라 자네가 배보다 더 큰 밥그릇을 가져왔나 보지? 아니면 자네 욕심이 산더미처럼 더 커졌던지.' '아니야, 어제 먹었던 그 밥그릇이야' 하면서 자신이 먹어야 할 밥이 줄어들었다고 싸우는 사람들이 많아지고 있다. 조그마한 밥그릇 가지고 와서 밥을 적게 준다고 불평하는 사람, 가져온 그릇에 넘치도록 담아주었는데도 다른 사람보다 적게 준다고 불만을 드러내는 사람, 불평불만 제조공장 사장인가? 어항보다 큰 물고기는 없다. **배불리 먹고 싶거든 내 밥그릇을 키우면 될 일**이다. 그들은 정말 밥이 적어서 싸우는 것일까? 아니면 작은 밥그릇 가지고 서로 크다 작다 하면서 싸우는 것일까? 그들은 누구를 위해 그렇게 죽기 살기로 밥그릇 싸움을 하고 있는가? '도토리 키 재기', '난쟁이 키 자랑하기', '깨들이 기네 짧네 다투는 것'과 다를 바 없는 다툼을 하고 있다. 내 것과 네 것을 쉼 없이 비교하면서 내 것은 항상 작거나 적다고 불평을 한다. **내가 더 많이 가지고 있는 것 보다 남들과 비교해 덜 가진 것만 보고 불행하다고 생각한다.** 나의 짐은 커 보이고 남의 짐은 가벼워 보인다고 불만을 내뱉는다. 남의 밥에 들어있는 콩이 더 굵어 보이고 남의 떡이 더 커 보인다고 아우성이다. 그러면서 액厄은 내 것이 훨씬 더 크다고 우긴다. 왜 남의 것은 항상 많고 좋아 보여서 사람들의 마음을 이토록 괴롭히는 것일까? 미셸 몽테뉴는 자신보다 뒷처져 있는 사람을 보고 행복해하기보다 자신보다 앞서 있는 사람을 보고 자신이 불행하다고 생각한다고 했다. **불평불만을 마음의 주인으로 모시고 남들과 비교를 하다 보면 불행은 더욱 커질 수밖에 없다.** 세간 살림은 옮길수록 줄어들고 되질은 할수록 곡물이 줄어든다. 하지만 불평불만은 할수록 늘어나고 커진다. 생각이 다르기에 다양한 사람들의 불평불만 해소법도 각각 다를 수밖에 없다. 그러나 자신의 불평불만을 해소하기 위해 다른 사람의 존재를 무시하거나 자신과 상관없는 사람들에게 무턱대고 화풀이를 해대는 것은 옳은 방법이 아니다. 만병의 근원인 스트레스가 마음속에 쌓이기 전에 내보내야겠지만 다른 사람들에게 스트레스를 주면서 자신의 스트레스를 해소하는 것은 옳지 않다. 달팽이는 빨리 달리는 노루를 부러워하지 않는다고 한다. **내가 잘못하고 부족한 것들을 남들이 잘하고 넘치는 것과 비교하면 나는 항상 불만 제조기가 될 수밖에 없다.** 내가 남들보다 잘

하는 것들이 널려 있음에도 스스로 돌아보지 않는다면 누가 나의 잘난 점을 보아주겠는가? 내가 가지고 있는 장점을 내가 남들보다 잘하는 것들을 남들이 훔쳐볼까 아니면 남들이 훔쳐 갈까 의심하면서 깊은 곳에 감추려고만 하지 말고 자신 있게 당당하게 세상에 드러내라. 그리고 예쁜 마음으로 베풀어 보자.

'나눠 먹을 떡의 크기가 크면 정략적 수준에서 타협이 가능하지만 떡의 크기가 작아서 나눠 가질 수 없다면 타협은 없고 전부 아니면 전무가 된다'는 **세이어의 법칙**Sayre's Law이 있다. 재물을 가지고 다투는 것은 재물이 소중해서가 아니고 부족하기 때문이다. 넘치면 여유가 있다. 돈 앞에서는 모두 경쟁자가 된다고 하지만 표 앞에서는 예의염치도 없고 서로 원수가 되어간다. 그 이유는 표를 가진 사람의 숫자는 그대로인데 **욕심의 표는 숫자가 자꾸 부풀려지고 마음속의 표는 자꾸 쪼그라들기 때문**일 것이다. 집안에 도둑이 들어오면 잡던지 몰아내든지 해야 하는데 그 도둑과 한통속이 되어 도둑질하려고 한다. 철면피 같은 행동을 하면서도 철면피인 줄 모른다. 다른 사람이 하는 말이나 행동들이 잘못되었다 큰소리 치면서 자신도 그들과 똑같이 잘못된 행위를 반복한다. 나쁜 짓 한다고 흉을 보면서 자신도 은근슬쩍 나쁜 짓 하는 무리 속으로 들어간다. 그러면서도 너는 절대로 나쁜 짓 하면 안 돼 하고 외치고 있다. 보는 눈도 듣는 귀도 불편해지는 시절인가 보다. 나의 흠은 태산처럼 크지만 낙엽 속에 묻어 놓고 못 본 체하고 남의 허물은 좁쌀 같지만 갈퀴를 긁어대며 잃어버린 보석 찾아내듯 잽싸다. 허리 없는 개미도 배불리 먹고 싶은 욕망이 있다. **깃털만큼 베풀고 대왕 대접을 받으려 하지 말자.** 챙기려는 밥그릇 보다 베풀려는 밥솥이 더 크면 좋겠다.

5
무시했던 친구가 나를 칭찬하고 다닌다고?

그 누구한테도 피해를 주지 않았는데 누군가로부터 거센 비난을 받으면 절대 참기 힘들고 분노에 휩싸여 몹시 괴로워하게 된다. 비난받은 사람은 자기가 당한 것을 잊지 않고 꼭 되갚아 주고 싶어 한다. 비난하는 사람과 똑같이 비난을 해댄다면 흉내쟁이나 따라쟁이가 될 수밖에 없고 결국 둘 다 잘못했다는 소리를 듣게 된다.

선거는 물론이고 겨룸과 경쟁이 있는 경우에는 이런 현상이 더욱 심하게 발생하는 것을 볼 수 있다. 나와 치열한 경쟁을 하고 있는 사람이 나를 칭찬하고 다니는데 나는 그를 헐뜯고 다니다가 갑자기 외진 골목에서 그 사람을 만나게 되면 밝은 얼굴로 인사나 제대로 할 수 있을까요? 어떤 느낌이 들까요? 상대를 모질게 씹다 버린 껌 같은 말들, 그대로 내버려 두면 누가 치워야 하는가? 반려견들이 공원 산책길 여기저기에 싸질러 놓은 똥은 누가 치워야 하는가? 털어서 먼지 안 나는 사람 없다지만 자꾸 털어내면 그 먼지를 누가 먼저 마시는가? 누가 먼저 뒤집어쓰는가?

선거철에는 경쟁자보다 한 표라도 더 얻어야 당선되는 영광을 거머쥘 수 있으니 상대가 나 보다 잘하고 잘해왔던 뛰어난 점은 모조리 감추고 잘못하고 부족한 점은 샅샅이 파헤쳐 드러내고자 한다. 내가 잘하는 것, 잘할 수 있는 것보다 상대가 못하는 것들을 들춰내면 그 경쟁자도 똑같이 자신을 공격해오게 될 것이다. 그렇게 된다면 우리들은 보고 싶지 않고 듣고 싶지 않은 지저분한 사실들과 마주할 수밖에 없게 된다. 결국에는 비난하는 사람, 비난받는 사람, 그 소릴 듣는 사람들의 얼굴이나 마음이 찡그려지게 된다. **들춰내는 입이 먼저 더러워진다. 내가 모자란다고 상대도 모자라야 한다고 우기지 말자.** 자신이 잘하는 것이 얼마나 없으면 상대의 부족한 점만 찾아내려 하겠는가? 참으로 안타까운 마음이 앞선다. 사람들의 눈초리가 많이 맵다. 그들의 마음도 무척이나 혼란스럽고 바쁘다. 칭찬하는 사람과 흉보는 사람, 희망을 노래하는 사람과 절망을 부르는 사람, 미래를 밝히는 사람과 과거에 붙잡힌 사람, 존중할 줄 아는 사람과 깔봄이 몸에 밴 사람, 다정한 공감이 있는 사람과 내가 난데 하는 사람, 할 수 있는 것과 할 수 없는 것을 구분할 줄 아는 사람과 모르는 사람, 웃음을 주는 사람과 찡그리게 하는 사람, 흥을 돋는 사람과 흠만 찾는 사람이 있다면 우리는 누구와 더 친하게 지내야 할까요? 내 인생을 더욱 빛나게 해줄 수 있는 사람은 과연 누구인가요?

음식은 가려먹고 챙겨 먹어야지 보이는 대로 마구 먹어대면 건강을 해친다. 자신은 좋은 것만 가려 먹고 맛있는 것만 골라 먹고 통통하게 살이 쪄 가면서 다른 사람에게는 나쁜 것만 골라 주고 맛없는 것만 먹이려 한다면 다른 사람들이 나를 향해 맛없는 놈 멋없는 놈 돼지 같은 놈이라 흉을 볼 것이다. 그런 소릴 들어도 좋은가? 다른 사람의 흉을 맛있고 싱싱한 회라 생각하고 질근질근 맛좋다 씹어 먹지 말자. 다른 사람의 흠을 진주목걸이 목에 걸듯 입에 주렁주렁 매달지 말자. 다른 사람의 상처를 비빔밥에 참기름 끼얹듯 고소해하지 말자. 큼직한 자석을 모래밭에 끌고 다니면서 녹슨 쇠붙이 같은 흠을 찾으려 말고 차라리 금가루 같은 칭찬거리를 긁어모으는 것은 어떨까? 누구에게도 쓸모없는 흠을 찾아서 어디에 귀하게 쓰려고 하는가?

다른 사람의 흠과 다른 사람의 흉으로 허기진 자신의 배를 채운다면 배부름이 아닌 배탈이 먼저 날 것이다. 봄이 오면 꽃이 하늘을 가리고 햇볕을 가린다 해도 서운해하지 않고 불평하지 않는 것은 그냥 그 꽃이 예쁘고, 꽃잎 사이사이로 마음이 따라가면 향기가 묻어나기 때문이다. 좋은 친구를 얻고 싶거든 친구의 칭찬 거리를 보물찾기하듯 해보자. **베풀어서 좋고 받아서 좋은 것은 칭찬이고 미소다.** 사람들의 욕망 중 하나는 다른 사람들에게 필요한 존재, 인정받는 존재가 되는 것이다. 다른 사람들이 해주기를 바란다면 다른 사람들에게 먼저 해주어라. 이것이 인생의 황금률이다. 자기를 이해해주고 인정해준다면 싫어할 사람은 단 한 사람도 없다. **칭찬하면 칭찬받고 인정하면 인정받고 대접하면 대접받는다.**

6
가가가가?

'남'이라는 글자에 점 하나만 지우면 '님'이 되고, '빚'에 점 하나만 보태면 '빛'이 된다. '공'이라는 글자를 뒤집으면 '운'이 되고, '돈'을 잘못 쓰면 '독'이 되고. '자살'의 순서를 바꾸면 '살자'가 된다. 앞뒤 순서를 바꾸고, 좌우 방향을 바꾸고, 위아래 위치를 뒤집어 보면 우리들이 무의식적으로 습관적으로 보지 못하고 지나쳤던 의미 있는 현상들을 찾아낼 수 있다. 어떤 일을 시작하면서 '안 되면 어떡하지'라고 걱정하는 사람과 '하면 되겠지' 하고 긍정적으로 생각하는 사람이 있다면 누가 더 성공확률이 높을까요? 안경을 쓰는 이유를 묻자 이쪽 사람은 '잘 안 보여서요'라고 하고 저쪽 사람은 '잘 보기 위해서요'라고 대답을 했다. 여러분은 어떤 대답을 하는가요? 못 해, 안 해라는 부정적인 말보다는 할 수 있는 방법을 찾고 있다고 긍정적인 말을 하면 어떤 결과가 나타날까요? 의사전달이 충분하다면, 아무 생각 없이 습관적으로 내뱉고 있는 말 중에서 부정적인 단어를 긍정적인 단어로 바꾸어서 말해보면 어떨까요? 글자 하나, 순서 한 번, 말투 하나 바꾸어서 다른 사람들의 호감을 산다면 인생이 통째로 바뀔 수도 있을 것이다. 어느 누구도 손해 볼 일 아니니 무조건 도전해보면 좋겠다.

대화를 할 때 상대의 마음을 바라보라. **마음 가는 곳으로 시선이 따라가고 시선 가는 곳으로 손길 발길이 닿게 된다. 그리고 몸이 그 사람을 향하게 되면 상대의 마음도 그림자처럼 따라오게 된다.** 상대를 바라보며 하느냐 등지고 하느냐에 따라 전달되는 뜻과 받아들여지는 느낌이 완전히 달라질 수 있다. 복을 주고자 하는 상대를 마주 보고 있어야 복을 받을 수 있다. 그 사람은 나에게 복만 주는 게 아니라 인생을 살아가는 방법과 인정도 함께 주려고 한다. 그런 사람을 등지고 있으면 아무것도 받을 수 없다. 밥통에 담긴 밥을 퍼 먹어라 말하면, 참기름병 전해주면서 쳐 먹어라 말하면 그 상황을 보지 않고 귀로만 듣는 사람은 무시하는 말로 들릴 수도 있다.

소통이란 말소리로만 전달되는 것이 아니다. 표정과 몸짓 억양 등에도 상당한 영향을 받는다. 사람들은 말의 내용보다 말하는 자세와 태도를 더 중요하게 생각하기도 한다. 태도나 자세가 불량하면 내용은 깡그리 무시되고 '말하는 태도가 왜 그 모양이야' 하는 불만 가득한 소리만 듣게 될 수도 있다. 그들은 **귀로는 이야기를 듣지만 마음으로는 태도를 느낀다. 결국 태도로 말하는 것이다.** 그들은 자신이 존중받고, 인정받고 있다는 느낌이 들지 않으면 무시당한다고 생각하기 쉽다. 마음을 얻으려면 상대를 바라보아야 한다.

제가 경상도 지역에서 직장생활을 하던 시절에 '가가가가'라는 말을 자주 들었었다. 처음에는 도대체 저 말이 무슨 뜻인지 몰라 물어보니 '그 아이가 그 아이인가?'라는 뜻이라 하였다. 억양의 변화로 전혀 다른 뜻을 전달하는 것이다. 중국어에는 사성四聲이 있는데 음의 높낮이, 장단에 따라 뜻이 달라진다. '마마마마媽媽罵馬'를 보면, 발음은 '마'이지만 각각 음의 높낮이가 다르다 '어머니가 말을 욕한다'는 뜻이다. '그래'라는 단어로 긍정, 부정, 의문, 낙담, 동감 등을 나타낼 수 있는데 이는 표정, 몸짓, 억양에 따라 구분되어진다. 대화를 통해 내 생각을 전달하고자 할 때 논리만으로는 충분하지 않다. 몸짓, 표정, 목소리, 억양에 따라 받아들이는 사람의 느낌은 제각각 다르다. 아주 사소한 것들이 때론 상대에게 큰 호감을 주는 매력적인 요소가 될 수도 있다. Albert Mehrabian은 비언어적인 요소가 55%(표정 35%, 태도 20%)의 영향을 미치며, 효과적인 의사소통에서 말하는 내용은 겨우 7%의 영향만 미치고 말투나 표정, 눈빛과 제스쳐 같은 비언어적 요소가 무려 93%의 영향력을 가지고 있다고 하였다. 즉 몸짓 언어의 영향력이 말보다 크다는 것을 보여주는 것이다. **평판이나 평가를 결정짓는 힘은 말의 내용이나 형식보다 말투와 태도에 달려 있다.** 말투 하나만 가다듬어도, 태도만 조금 겸손해도, 살짝 미소만 지어도 상대의 따뜻한 마음을 쉽게 얻을 수 있다.

7
앗, 하고 싶은 일이 생각났어요!

반듯한 내 이름으로 주식회사 만들어서 나도 대표이사 한번 해보고 싶다. 시키는 대로 마지못해 눈치 보며 일만 하다 불만 가득 얇실한 월급봉투를 받는 종업원이 아닌, 내가 하고 싶은 일에 혼을 쏟아붓고, 즐거운 마음으로 넉넉하게 월급을 주는 존경 받는 사장 한번 해보고 싶다. 제품을 만들었는데 상품으로 제대로 팔리지 않고 추진하고 있는 일도 성과가 미지근한데 월급 줄 날이 너무 빨리 돌아온다고 불평하는 사장님도 있지만, 통장의 잔고殘高가 간당간당 비어가서 마음이 쪼들리고 보타지는데 급여 날이 너무 더디게 온다고 투덜대는 근로자보다야 더 낫지 않겠는가. 종업원이 한 명이면 어때, 그래도 사장 한번 해보고 싶다. 남들이 불러주면 로봇처럼 받아쓰고 고치고 확인받는 것이 아닌 나의 생각을 말하고 나의 구상대로 써 내려가는 시나리오 작가가 되고 싶다. 흐름이 막히면 어때, 스토리를 조금씩 바꾸면 되잖아. 딱 부러진 배역 없이 잔심부름이

나 허드렛일만 하는 이름 없는 조연배우가 아닌 관객들에게 넘치는 사랑과 큰 박수를 받고 그 이름이 끝없이 불러지는 스타 같은 주연배우 한번 해보고 싶다. 스텝이 꼬여 넘어지면 어때, 다시 일어서서 걸으면 되잖아. 어쩌면 우리들은 잊고 있던 그 무언가를 꼭 해보고 싶다는 생각을 떠올리면서 하루하루를 살아가고 있을지도 모른다.

망각의 망토를 뒤집어쓴 체 낮에는 밖으로 나돌면서 모조리 잊어버리고 있다가 깜깜한 밤이 되어 집으로 돌아오면 하고 싶은 것들이 스치듯 생각이 난다. 넘어지면 다시 일어서는 오뚝이처럼 오롯이 생각이 난다. 차라리 생각이나 나지 말든지. 그래서 실망은 하지만 내일은 그 일을 정말 해봐야지 하면서 굳은 의지를 불태우다 잠이 든다. 이렇게 어제, 오늘, 내일이라는 시간이 지붕 위의 기왓장처럼 한 장씩 덧대고 엇대어져 간다. **지나온 날들이 포개지고 이어져서 독특한 색깔의 '나'만의 꽃으로 피어난다.** 박물관에 내 걸릴 만큼의 명작은 아니더라도 남들에게 손가락질 받는 졸작은 되지 않을 것이다.

주인은 일꾼 열 몫을 한다는 말처럼 내가 주인의 생각으로 살아야 이루어 냄이 있을 수 있다. 내 삶의 주인은 다른 사람이 아닌 '나' 일수밖에 없다. '나'라는 제품이 만들어졌으면 소비자로 하여금 사고 싶은 마음이 들게 하고 잘 팔리는 값비싼 상품이 되도록 해야 한다. 열정이 깃들고 정성이 담겨있다면 흔하디흔한 싸구려 상품이 아닌 귀하디귀한 값비싼 명품이 될 수 있다. 사서 써 보니 사길 잘했다는 생각이 들게 변신해보자. '나'라는 상품이 오랫동안 다른 사람들에게 사랑받는 명품이어야지 한 번 쓰고 쓰레기통 속으로 버려지면 슬프겠지요.

하얀 파도가 덕석을 말아 올리듯 밀려와도 묵직한 바윗돌은 그대로 버티고 서 있다. 결코 그 파도에 휩쓸려 떠내려가지 않는다. 다만 조금씩 뾰족한 모서리를 내어주며 둥글게 다듬어 지고 있는 것이다. 세찬 비바람이 뺨을 때리듯 불어온다고 태산이 들썩거리는 것을 본 적이 있는가. 그냥 버티고 서 있다. 다만 **조금씩 덤으로 넘치는 둔덕을 내어주며 낮아지고 있는 것이다.** 모난 돌들이 파도에 깎이고 바람에 부딪히고 눈비에 씻기고 서로 엉키면서 와글와글 거리다 아름다운 몽돌이 되어가듯 성가시고 귀찮게 하는 사람들의 말과 생각을 부정하거나 외면하지 않고 그들과 부대끼며 나의 예쁜 생각을 조금씩 덧붙이다 보면 '예쁜 인생'이 여물어갈 것이다. 그들과 어울리면서 나를 잃지 않으면 더 탐스럽게 물들어갈 것이다. 나의 생각 근육 마음 근육 몸 근육을 튼튼하게 만들어 100세 인생을 사는 동안 내 인생의 주인으로서 이루고 싶은 것 하나쯤은 꼭 이루어봐야 하지 않겠는가?

행복한 삶을 꿈꾸는 집을 짓고 싶다면 직접 설계를 하고 재료를 준비하고 몸소 건물을 지으면 될 것이다. 벽돌 한 장 한 장 쌓으면서 날마다 행복을 느낄 것이다. 내 삶을 이끌고 가꾸고 넓히는 것은 주인인 내가 하는 것이다. 내 인생은 내가 주인이라 생각하면 주인이고 내가 주인공이라 생각하면 주인공인 것이다. **내가 '나'를 인정하고 믿으면 반드시 그렇게 될 것이다.** 오늘도 하고 싶은 일을 까먹지 않도록 호주머니 속을 자주 들여다보면서 화려한 포장지를 뛰어넘는 '나'만의 명품으로 탈바꿈해보자.

8
다가오는 나의 운은 얼마나 빛날까?

뇌에는 뉴런Neuron이라는 신경세포와 신경세포 사이에서 신호를 주고받을 수 있는 시냅스Synapse가 있다. 보통 사람의 뇌 안에는 1천억 개 이상의 신경세포가 있으며, 하나의 신경세포에는 대략 1,000~10,000개의 시냅스가 있다. 이 신경세포와 시냅스는 정보를 반복하여 받게 되면 활동이 강화되고 그것들이 습관으로 이어진다. 뇌 신경계 가소성 연구로 뇌는 사용하지 않으면 퇴화하고 소실되지만 반복 학습과 경험의 축적을 통해 계속 성장하고 시냅스의 활동이 강화되면 신경회로의 활동 수치가 오른다는 사실이 밝혀졌다. 이는 자신이 간절히 꿈꾸고 특히 이루고 싶은 일들을 여러 번 반복적으로 도전하다 보면 이루어 낼 확률이 더 높아진다는 것이다. **복이 넘치는 좋은 기운을 나에게 끌어당기는 것**도 이와 마찬가지겠지요?

운칠기삼運七技三이라는 말이 있다. 일의 성패는 재주나 노력보다는 운이 더 큰 영향을 끼친다는 뜻이다. 이처럼 운은 우리의 삶에서 이미 정해져 있는 것으로 생각하기 쉽다. 하지만 필자는 운은 불변의 것이 아니며, 3이라는 노력을 통하여 7을 차지하고 있는 운을 바꿀 수 있다고 생각한다. **운을 긍정적으로 기획하고 가꾸면 운은 좋은 쪽으로 바뀐다.** 자신이 평소 베푼 것을 보상받는다는 업보業報란 말이 있듯이 운을 모으는 행동을 하면 운은 모일 것이다.

날마다 정성을 들여 운을 끌어당기면 어느 순간 그 운은 나에게 다가와 있을 것이다. 오뉴월 메마른 논에 물을 대듯 운의 물꼬를 터보면 어떨까요? 못자리를 만들고 모판에 볍씨를 뿌리는 마음으로 정성을 담아 운을 불러 모아보자. 좋은 운이 잘 자라도록 예쁜 마음으로 거름을 주고 가꾸면 알곡들이 튼실하게 맺히고 값도 잘 받을 수 있을 것이다. **내가 흘린 땀방울 숫자만큼 수확량이 늘어날 것이다. 운도 그럴 것이다.**

동네 어귀에 수호신처럼 서 있는 당산나무 밑에서 청정수 한 그릇 떠 놓고 지극정성 빌고 비는 어머니의 모습이 떠오른다. 어느 시험일이 다가오면 수험생의 부모님들이 백일기도나 천일 수양을 한다고 교회나 절간을 나가 기도하고 빌고 비는 모습을 자주 볼 수 있다. 그 정성을 쏟은 날수만큼 지극한 정성으로 빌었다는 것이다. 최소한 백번 아니 천 번은 더 한 것이다. 그 쏟아 부은 정성만큼 마음이 평화로울 것이고 안심이 될 것이고 자식들의 운도 바꿔놓았을 것이다. 기도를 드리거나 복을 빌 때는 그렇게 하면 꼭 이루어진다는 확신, 믿음이 자리하고 있다. 나에게도 좋은 기운이 올까? 운을 가꾸고 끌어당기는 것이 가능할까? 라고 의심하지 말자. 자신이 지금까지 살아오면서 자신에게 좋은 기운이 있었다면 이는 스스로 좋은 기운을 열심히 끌어당긴 것이며, 자신이 미처 알지 못하는 수많은 사람의 응원과 정성도 한몫하였다는 것이다. 그 사람들에게 고마워해야 한다. 좀 더 다르게 행동하고 생각하고 마음을 기울였다면 나에게 좀 더 다른 좋은 운이 한 발짝 더 다가와 있을 것이다. 복은 행운의 여신이 가져다준 것이 아니다. 스스로 지어내고 만들어 내고 끌어당긴 것이다. 정성이 반복되고 마음이 쌓이면 그 정성에 걸맞는 보상을 받는다는 사실을 기억하자. 결국 말과 행동이 쌓이고 기도가 쌓이고 정성이 쌓이면 복과 운은 저절로 따라오게 될 것이다.

나의 운세를 보면 '올해는 운수대통하고 이번 달은 대박이 날 것이고 오늘은 행운이 몰려온다'고 한다. 이처럼 '내 운세는 정말 좋다'고 크게 외쳐보자. **긍정의 생각 긍정의 소리 긍정의 말이 습관이 되면 사주팔자도 긍정적으로 바뀔 것이다.** 간혹 오늘의 운세를 보면서 좋은 일이 생길 것 같다고 하면 기분 좋아하고 불길하니 조심하라고 하면 기분 나쁘게 생각한다. 좋은 꿈을 꾸면 기분 좋다고 복권을 사려하고 나쁜 꿈을 꾸면 의기소침하고 부적을 붙이려 한다. 점 궤를 일러주는 점쟁이에게서 좋은 말 들으면 기분 좋아 행복해하고 나쁜 말 들으면 기분 나빠 불행해한다. 자신이 아닌 다른 사람이 내뱉는 점 궤 같은 말에 흔들리지 말고 나에게는 '항상 좋은 일만 일어날 거야'라고 스스로 주문을 걸어보자. **돼지저금통에 동전 밀어 넣듯 조금씩이나마 실천해보자. 낙숫물이 바위를 뚫는다.**

9
당신은 어떤 씨를 뿌리는가?

원숭이와 타잔은 줄을 잘 탄다. 타잔이 나오는 TV 프로그램을 보면서 타잔은 어쩜 저렇게 줄을 잘 탈까 궁금하여 그들이 하는 행동을 진지하게 관찰해본 적이 있었다. 정답을 알고 나면 아주 쉬워 보이는 것처럼 정말 단순한 것이었다. 즉, 새로운 줄을 잡으려 잡고 있던 줄을 내려놓는 것이 전부였다. 줄을 잘 탄다는 것은 결국 붙잡고 있는 줄을 먼저 놓고 잡아야 하는 줄을 나중에 잽싸게 붙잡는 것이다. 인생도 이와 다를 게 없다. 행복한 인생을 원한다면 불행의 씨앗을 먼저 없애면 되는 것이다. **희망의 끈을 잡고 절망의 줄을 내려놓으면 되는 것이다.** 욕심을 한 바가지 품고 있으면서 이것저것 더 많이 채우려 하면 담아낼 공간이 부족할 것이다. 그러면서도 더 갖지 못해 불행하다고 생각한다. 내가 원하는 다른 것을 움켜쥐려면 내가 쥐고 있는 손을 펴야 한다는 사실을 누구나 다 알지만 아무나 다 할 수 없다는 것이다.

꽃밭에 꽃씨를 뿌리고 가꾸면 아름다운 꽃이 피어난다. 그러나 꽃씨를 움켜쥐고 뿌리지 않으면 그토록 원하고 바라는 아름다운 꽃은 피어나지 않는다. 꽃이 없는 마음은 삭막하다. 향기도 없다. '꽃나무 앞에 서면 갈 곳 없는 바람도 따스하여라'(이해인 수녀님의 시 〈매화 앞에서〉 일부). 우리들이 사는 동네에 꽃씨를 뿌리는 사람이 한 명만 있어도 그 동네는 꽃동산이 되고 꽃향기를 맡을 수 있게 된다. 당신은 다른 사람을 위해 꽃씨를 뿌리는 사람인가요? 꽃을 피우는 사람은 늘 꽃향기를 품고 있어 얼굴도 인생도 꽃을 닮아간다. 예쁘게 피어 있는 꽃을 보면서 기분 나쁘다고 외치는 사람은 없겠지요?

'심난해'를 외치면 심난한 인생을 '잘나가'를 외치면 잘나가는 인생을 맛볼 수 있다. '미워 죽겠다'를 외치면 미운 놈만 골라서 만나게 되는 것이 인생이다. 콩 심는 데 콩 나고 팥 심는 데 팥 난다고 하는데, 행복을 심으면 행복이 열리고 희망을 심으면 희망이 피어나고 꿈을 심으면 꿈이 펼쳐지지 않겠는가! 불만을 쏟아내면 불만의 바다에 빠지고 불행을 심으면 불행이 따라오고 걱정을 품으면 걱정에 묻히게 될 것이다. 마음 밭에 무엇을 심을까? 예쁜 말 예쁜 미소를 마음이 하잔 대로 뿌리고 거두면 된다. **마음이 머물 자리에 꽃씨를 뿌리는 것은 공짜다. 꿈은 누구나 원하는 대로 얼마든지 크게 키울 수 있다.** 우리들은 기억이라 하면 흔히 과거만을 떠올리기 쉽다. 그러나 뇌는 생각, 상상, 꿈, 희망이라는 미래도 기억한다고 한다. 생각이라는 씨앗, 상상이라는 꽃씨, 꿈과 희망이라는 알갱이를 미래의 기억 속에 심고 가꾸는 것도 공짜다. 그런데 그 공짜 같은 생각과 상상과 꿈과 희망들이 꽃밭에 뿌려지면 값나가는 비싼 열매들이 줄줄이 맺게 된다는 것이다. 예쁜 마음이 통한다면 꽃잎처럼 싱싱한 생각을 나눌 수 있고 꽃향기처럼 달콤한 감정을 나눌 수도 있다. 명심할 것은, 공짜지만 다른 사람이 나에게 선물해줄 수 없다. 오직 나 자신만이 선물할 수 있고 나 자신만이 뿌릴 수 있다는 사실이다.

태양이 비를 쫓는가? 비가 꽃을 따라오는가? 꽃향기는 얼마나 예쁠까? 다른 사람들이 그토록 궁금해하는 따끈따끈한 정보를 심으면 그 정보도 탐스럽게 잘 자라겠지요? 아름다운 꽃들이 만발하면 눈동자를 빙글빙글 굴리고 카메라 렌즈를 이리저리 돌리고 꽃향기에 취해 코를 벌렁벌렁하면서 가던 발걸음도 멈출 것이다. 개 같은 세상이 아닌 꽃 같은 세상이 될 것이다. 상상해보자, 노랑나비들이 덩실덩실 춤추고 웽웽 울어대는 벌들도 쉬어가고, 봄기운이 저만치에서 아지랑이와 함께 피어나는 그런 꽃밭을. 그리고 그 꽃을 바라보듯 마음을 바라보고 이웃을 바라보자. 누군가는 지금 이 순간에도 열심히 꽃씨를 뿌리고 있다. 그 아름다운 마음을 뿌리고 있다. 그리고 '꽃씨가 뿌려져 있어요' 하는 팻말을 세우고 있다.

행동은 바꾸기 어렵다지만 생각은 얼마든지 바꿀 수 있다. 꽃밭에 희망을 심고 희망 꽃이라 우겨보자. 꽃씨 뿌리기에 딱 좋은 시절이다. 한바탕 웃음꽃이 활짝 피어나 동네방네 너른 들판이 온통 꽃물에 젖어 들면 뿔뿔이 흩어진 마음들이 하나로 모이게 된다고 너와 나의 뇌를 속여보자.

10
물은 아래로 흘러야 순하다

물은 흘러가면서 길을 만든다. 이것을 법法이라 말한다. 바람도 흘러가고 구름도 흘러가는데 왜 물이 가는 길을 법이라 했을까? 물이 가는 길을 막아본 적이 있는가? 모내기하려면 제법 많은 물이 필요하다. 그래서 겨우내 저수지에 가두었던 물을 내 논까지 끌어와야 한다. 물꼬를 트고 물을 앞세워 걷다 보면 물이 길을 내는 방법을 알 수 있다. 요즘에는 수로水路를 자로 잰 듯 직선으로 내지만 옛날의 물길들은 구불구불하다. 물은 위에서 아래로 실타래 풀리듯 도르르 흐른다. 때로는 뱀이 머리를 들고 기다란 몸통을 이리저리 비틀거리면서 앞으로 나아가는 모양새다. 그러다 조금 높은 흙더미를 만나거나 움푹 파인 곳에서는 잠시 기다린다. 옆으로 돌아갈 것인가 위로 넘어갈 것인가 아니면 밑으로 기어갈 것인가? 혼자서 서둘러 가다가는 온 데 간 데 흔적도 없이 사라질 수도 있다. 그래서 전열을 정비하며 더 많은 물이 모이기를 기다린다. 힘이 부족하면 힘이 채워질 때까지 기다릴 줄 안다. 충분한 양의 물이 모이면 방해물을 넘어가고 조금 부족한 듯하면 옆으로 돌아간다. 독불장군의 허세보다는 대동단결의 위세가 더 세다는 것을 잘 보여준다. 물이 가는 길을 퇴로 없이 막으면 결국에는 그 둑을 무너뜨리고 지나간다. 민심의 물꼬도 갇혀 있다가 한꺼번에 폭발하면 수습이 어려운 것과 다를 바 없다. 물이 흐르다 멈추면 그 뜻을 헤아려야 한다. 막힌 곳이 있으면 뚫어야 한다. 자칫 오래 머물면 썩을 수 있고, 너무 많이 모이면 둑을 무너뜨릴 수도 있기 때문이다. 민심이 순하게 흐르도록 다독여야 하는 것처럼 물은 항상 위에서 아래로 막힘없이 흐르도록 해야 한다. 그래서 물이 가는 길을 법이라 하는 것 같다.

물이 낮은 곳으로 흐르는 것처럼 자세를 낮추면 이웃이 자연스레 다가온다. 순한 민심도 차곡차곡 쌓인다. 물은 도랑을 내어주면 순순히 졸졸 잘 흘러간다. 물이 순하게 흘러간 뒤에는 예쁜 자국을 남기지만, 물이 할퀴고 지나간 뒤에는 흉한 자국만이 남는다. 물길이 새로 나면 뒤에 따라오는 물은 그 길을 따라 흐른다.

가고 싶은데 못 가고, 먹고 싶은데 못 먹고, 하고 싶은데 못 하고, 보고 싶은데 못 보고, 자고 싶은데 못 자면 화가 난다. 가고 싶은데 가라 하면, 먹고 싶은데 먹게 하면, 하고 싶은데 하게 하면, 보고 싶은데 보게 하면, 자고 싶은데 자게 하면 기분이 좋다. 마음이 하고 싶은 것, 민심이 하고 싶은 것 하도록 해주면 이웃 민심도 기분이 좋아진다. 법대로 한다는 것은 물이 높은 데서 낮은 데로 흐르는 자연스러움을 이해하는 것이다. 강요 협박 명령 의무감 등으로 하게 되면 재미없다. 방 청소하려 빗자루 찾다가 청소하라고 명령하면 들고 있던 빗자루도 내팽개치는 게 사람 마음이다. 자발적으로 하면 힘들지 않고 즐거운데 누가 시켜서 하게 되면 똑같은 일을 하면서도 더 힘들고 더 지치게 된다. 왜 그럴까?

준법遵法, 법률이나 규칙을 좇아 지킴. 범법犯法, 법을 어김. 위법違法, 법률이나 명령 등을 어김. 탈법脫法, 법이나 법규를 지키지 않고 그 통제 밖으로 교묘히 빠져나감. 편법便法, 정상적인 절차를 따르지 않은 간편하고 손쉬운 방법 등등, 법과 관련이 있는 단어들이다. 법을 제대로 지키지 않는다는 뜻의 단어가 더 많은 것을 보니 아무래도 법을 지키는 사람보다 법을 잘 지키지 않는 사람이 더 많은가 보다. 사람들이 다투다 언성이 높아지면 흔히 '법대로 해보자'라고 외친다. 법이라는 준엄한 잣대가 다툼을 해결하는 해결사로의 역할을 제대로 하고 있는지는 잘 모르겠다. 그들이 말하는 '법대로의 잣대'가 각각이 다르다면 무슨 소용이 있겠는가? **각자의 마음속에 품고 있는 굽은 잣대를 들이대면 누구의 잣대를 법이라 할 것인가?** '법대로 하면 된다'고 믿는 대부분의 선량한 사람은 '법대로 살면 손해다'라는 생각을 하지 않는다. 법을 악용하려는 사람들이 습관적으로 법대로는 하려고 하지 않는다. 참 묘한 심보다.

수류화개水流花開, **'물이 흐르고 꽃이 핀다'**라는 뜻이다. 민심이 잘 흐르면 아름다운 세상이 된다는 것이다. 물이 가는 길을 마음이 따라가면 법대로 사는 것이니, 너와 내가 더불어 편한 세상, 아름다운 이웃이 되는 것이다.

11
청聽에는 성聖이 따라온다!

흔히 '들을 청聽'은 귀 이耳 + 임금 왕王 또는 천간의 임壬 + 열 십十 + 눈 목目 또는 그물 망网 + 한 일一 + 마음 심心이라는 6개 한자의 조합이라 말하고, 성스러울 성聖은 귀 이耳 + 입 구口 + 임금 왕王 또는 천간의 임壬으로 구성되어 있다고 한다. 남의 말을 들을 때 집중해서 들어야 하기 때문에 매우 커다란 왕 같은 귀가 필요한 것일까? 마음의 눈으로 상대의 말이 어떤 의미를 갖는 지를 알아차려야 하고 그의 표정이나 눈빛, 태도 등도 열 개의 눈으로 살피듯 잘 들으라는 뜻일까? 아니면 촘촘한 그물로 잘 가두고 거두어들이라는 것일까? 상대의 마음과 하나가 되는 한마음은 무엇을 말하는 것일까? 어진 임금의 가장 큰 덕목은 큰 귀와 밝은 눈으로 신하들의 말과 몸짓을 잘 듣고 살펴서 그들의 마음을 하나로 모으는 데 있다는 뜻일 것이다. **잘 듣는다는 것은 상대의 생각과 마음을 잘 읽는 것이며 이를 통해 상대의 마음을 얻는 지혜로운 행동인 것이다.**

속도, 접촉정보수집, 용량이 중시되는 5G가 상용화된 시대에 살고 있다. 오밀조밀 숨어있는 CCTV들이 핸드폰의 흔들림조차 매의 눈으로 살피고, 말미잘같이 여러 갈래의 촉수들을 촘촘하게 펼쳐놓고 엄지손가락의 꼼지락거림을 24시간 느끼려 하고 있다. 이럴까 저럴까 미적거리는 나의 마음조차 읽어내려 한다. 이런 기계들조차 내 생각과 행동에 치열한 관심을 갖고 제2의 '나'를 만들어 내려고 쉼 없는 경쟁을 하고 있다. **정보는 관심과 행동에서 나온다. 그 핵심 정보는 곧 돈이 되는 세상이다.**

상대가 하는 말도 소중한 정보다. 그럼에도 불구하고 요즘에는 상대의 말을 끝까지 듣는 참을성이 사라져가고 있다. 상대의 말에 아무 때나 순번 무시하며 끼어들고, 불쑥 자르고, 오해를 부르는 앞지르기, 무시하며 대꾸 안 하기, 나만 아는 어려운 단어 쓰기 등의 선수가 되어가고 있다. 경청 대신 내 말, 내 입장, 내 주장만 외치는데 1등이다. 더욱이 내 말을 들어주지 않으면 오히려 화를 낸다. 자만과 독선, 그릇된 아집我執이 기저에 깔려 있다. 너는 들어야만 하고 나만 떠들 수 있다는 오만한 생각이 차고 넘친다. 내가 하는 말을 들어주면 돈을 내야 하는 시대가 도래한 것일까?

나의 말을 경청해 줄 누군가가 필요한 시대가 되었다. 잭 우드포드Jack Woodford는 '말을 귀담아듣는 자를 꺼리는 자는 없다'라고 말했었다. 공자孔子도 60세가 되어서야 '이순耳順'의 경지에 도달했다. 말하는 사람만 존재하고 들어주는 사람이 없다면 정성 들여 했던 나의 말들이 허공에 뱉어진 한갓 바람 소리에 불과한 것이 될 뿐이다. 청聽은 귀를 기울이고 듣는다는 것으로, 닫힌 문틈으로 소리가 들려온다는 문聞과는 다르다. 영어에서도 의지를 갖고 듣느냐에 따라 Listen과 Hear로 구분된다. 이것은 몸을 기울여 가며 듣는 '경청'과 멍하게 듣는 '멍청'의 차이라 할 수 있을까?

음악音樂에서 최고의 경지에 오른 사람을 악성樂聖, 바둑에서는 기성棋聖, 시詩에서는 시성詩聖이라 한다. 또한 최고의 성공 경지에 오른 사람을 우리들은 성인聖人이라 부른다. 청聽과 성聖에서 귀耳를 맨 먼저 쓰는 이유는 남의 마음을 얻고자 하면 듣는 것을 최우선으로 하라는 뜻이다. **'이청득심'**(以聽得心, **마음을 얻는 최고의 방법은 귀를 기울여 듣는 것**)을 명심하자.

상대의 말이 귀에 잘 안 들리는 것은 이기적인 마음이 기저에 깔려 있는 편견과 선입견 때문일 것이다. 따라서 내가 좀 더 나를 내려놓고, 상대가 외치는 말을 귀담아 들어주고 상대의 마음이 향하는 곳을 함께 바라본다면 세상이 환하고 이웃이 편안한 아름다운 공동체가 만들어질 수 있을 것이다. 몸을 구부려 상대의 말을 경청하면 나의 신분이 낮아지는가? **백두여신 경개여고**(白頭如新 傾蓋如故, 머리가 셀 때까지 오랫동안 사귀어도 서로 상대방의 재능才能을 이해理解하지 못하면 새로 사귄 벗과 조금도 다름이 없고 또 서로 마음이 통하면 길에서 처음 만나 인사하여도 오랜 친구와 같다)라는 말을 곰곰이 생각해본다. **내가 먼저 낮추고 기울이면 우리는 모두 마음이 잘 통하는 친구가 될 수 있다.**

12
밥 한 끼의 행복, 참 소중하다!

90세를 바라보는 어머니께서 거동이 불편하고 여기저기 통증을 호소하기에 병원에 모시고 다닐 일이 많아졌다. 최근엔 정도가 심하여 서울에서 제법 큰 병원의 5인용 병실에 입원을 시키고 주말을 이용해 이틀 동안 병실에서 꼬박 날밤을 샌 적이 있었다. 환자가 병원에 입원하게 되면 증세에 따라 주치 의사가 정해지고, 병동에는 당직 의사, 병실에는 담당 간호사가 정해지는 것 같다. 일요일 아침, 처음 보는 의사 선생님이 '이 병동을 담당하는 당직 의사가 휴가를 가서 본인이 회진을 나왔다'라고 하였다. 때마침 여러 종류의 의료장비들을 부착한 새로운 환자가 중환자실에서 이송되어 왔다. 그 환자는 제법 병원 생활에 익숙한 듯 보였다. 그 환자가 곧장 간호사를 불러 '부착하고 있는 의료기구들을 제거해 달라'고 소리를 치자 갑자기 병실이 시끄러워졌다. 간호사가 '주치 의사의 지시가 있어야 떼어낼 수 있다'고 대답하자, 그 환자는 '주치 의사를 모셔오라' 하고, '주치 의사가 휴가 중'이라 하니 '그럼 당직 의사라도 불러오라'고 큰 소리로 외쳤다. 담당 간호사는 '당직 의사는 지금 응급실에서 다른 환자 수술 중이라 올 수 없다'라고 대답하자, 더 큰 소리로 '내 몸은 내가 가장 잘 아니 그냥 떼어 줘' 하며 악을 썼다. 간호사는 '절대 그렇게 할 수 없다' 하며 '당직 의사가 오시더라도 환자분의 상태를 잘 모르기 때문에 지금 부착하고 있는 장비들을 떼어내라 하지 않을 겁니다. 불편해도 조금만 참으세요'라고 퉁명스럽게 자신이 하고 싶은 말만 했다. '그래도 당직 의사를 빨리 불러줘'하고 벌컥 화를 내니, '그렇게 불편하시면 중환자실에서 떼고 오셨으면 됐잖아요'라고 오히려 역정을 냈다. 그러자 그 환자도 여기서 질 수 없다는 듯 화를 내면서 '이봐, 왜 이렇게 빳빳하게 굴어' '왜 이렇게 공손하지 않고 불친절한 거야' '왜 이렇게 싸가지 없게 굴어' 하면서 삿대질을 해댔다. 다른 입원 환자와 보호자 누구도 동의서를 써준 적이 없는데 무조건 자기 편을 들어야 한다고 주장하고 있는 것처럼 보였다. 그 간호사는 '왜 저에게 화를 내세요? 제가 할 수 없는 것을 시키면서 왜 감정적으로 말씀하세요?'라고 하며 대들었다. 상대를 향한 말들이 갈수록 거칠어질 뿐이었다. 자신이 불편하면 다른 사람도 불편해야 한다고 생각하는 것일까? 자신이 대접받고 싶으면 다른 사람도 대접받고 싶다는 사실을 정말 모를까? 오고 가는 말을 듣고 있자니 **'말은 씨앗이고 품앗이다'**라는 생각을 떨쳐버릴 수가 없었다.

세상을 살다 보면 자신이 할 수 있는 것과 할 수 없는 것들이 있다. 병원에서처럼, 환자는 치료받기 위해 입원하는 순간 의사와 간호사의 말에 따라야 한다. 본인의 몸 상태를 가장 잘 안다고 하면서 의사의 의견을 무시할 거면 병원에 찾아올 일도 입원할 이유도 없을 것이다. 간호사는 의사의 지시에 따라 환자를 돌보는 것이 마땅하다. 하지만 본인이 의사가 아니면서 당직 의사는 당연히 환자의 상태를 잘 모를 거라고 단정 지어 말을 하였다. 이는 의사만이 할 수 있는 권한을 침범한 것이다. 그렇게 되면 의사, 간호사, 환자 모두 불편해진다. 자신에게 주어진 권리나 권한을 벗어나 다른 사람의 권리나 권한을 침해하면 침해당하는 당사자는 기분 좋을 리 없다. 침해당하는 사람이 공격적으로 불만을 표시하거나 반항을 하게 되면 결국 큰 다툼이 일어나게 된다.

다른 사람을 설득하려 하면, 자신의 말이 정당한 힘을 가지려면 다른 사람의 말을 잘 들어주어야 한다. 말하는 사람의 생각을 읽으면서 들어주는 것이 설득과 소통의 기본일 것이다. **다른 사람의 권리를 인정해줄 때 자신의 권리도 인정받을 수 있다.** 다른 사람의 행복을 찾아줄 때 자신도 행복을 누릴 수 있다. 자신의 불편함을 앞세워 남의 밥그릇을 차지 말자. 남의 밥그릇을 빼앗아야 내가 잘 사는 세상은 결코 공평하지도 정의롭지도 못하다. 욕심은 바닷물과 같아서 마시면 마실수록 갈증을 부른다. 아무 곳에서나 사납게 들이대는 '나만 잘 되면~'이라는 탐욕의 바퀴벌레는 아무도 좋아하지 않는다.

13
인심 좀 빌려 씁시다!

창름실즉지예절 의식족즉지영욕倉廩實則知禮節, 衣食足則知榮辱은 관자管子 목민편에 나오는 말로, '창고가 가득하면 예절을 알고, 옷과 양식이 풍족하면 영욕을 알게 된다.'라는 뜻이다. 요즘 언어로 '먹고사니즘' 해결이 중요하다는 말이다. '곳간에서 인심 난다.'라는 말이 있는데, 자신의 배가 부를 때 주위를 돌아보는 여유가 생긴다는 것이다. 조선 영조 때 낙안군수를 지낸 류이주柳爾胄가 지은 집인 운조루雲鳥樓에는 '타인능해他人能解'라는 글귀를 적은 큰 뒤주가 지금도 남아 있다. 통나무를 깎아 만든 쌀 두 가마니 닷 되가 들어가는 뒤주로, 아래의 마개를 열면 누구나 쌀을 가져갈 수 있도록 하였다고 한다. 노블레스 오블리주Noblesse Oblige를 실천한 그 군수님의 얼굴은 덕지덕지 붙은 욕심 보가 아니라 알뜰살뜰 모아 제대로 베푸는 할머니의 인자한 복주머니를 닮았을 것이다. 전남 무안서는 관내 복지 사각지대에 놓인 어려운 이웃들을 위해 365일 식료

품 나눔 캠페인의 일환으로 '차곡차곡 사랑 곳간'을 설치해 좋은 호응을 얻고 있다고 한다. 쌀 한 톨이라도 더 챙기려 탐욕을 부리고 인정이 바싹 마른 요즘 세상에 '함께 사는 지혜'를 생각하게 한다.

필자가 어렸을 적에는 먹을 것이 부족하고 모두가 어렵게 생활하던 시절이었지만 넉살이 좋아 이곳저곳 기웃거리며 배 고픔을 달랠 수 있었던 것은 오로지 훈훈한 인심 덕분이었다. 밥 한 끼 퍼주는 인심, 물 한 잔 건네는 인심, 담배 한 대 나누는 인심, 술 한 잔 함께 하는 인심, 새참 나눠 먹는 인심, 하물며 낚싯밥에도 넉넉한 인심이 매달려 있었다.

요즘에는 그 이전보다 먹을 것은 풍부해졌으나 인심은 거꾸로 변한 듯하다. 바닥난 인심, 갈라진 인심, 사나운 인심 때문에 인사말 한마디 건네기도 어려운 시대다. 내가 가지고 있는 것이 줄면, 초조해하고 불안해하며, 내 것을 훔쳐 가려 한다고 다른 사람을 의심하며 더욱 더 꼭 움켜쥐려 마음의 문을 굳게 닫는다. 그러다가 마음을 여는 열쇠도 잊어버린 듯하다.

내가 소중하게 여기는 물건을 가지고 있다 잃어버린다면, 잃어버린 사실을 알기 전까지는 아주 평온하던 마음이 잃어버린 사실을 알아차린 순간 걱정과 불안, 초조가 엄습하고 온통 의심과 불신에 사로잡히게 된다. 누가 훔쳐 갔을까?, 내가 잃어버린 걸까?, 어디에 두었을까? 암튼 내 것이 눈에 보이지 않으면 안절부절 안타까워하고 속상해하고 다른 사람을 의심하게 된다. 내 몫 챙겨 달라고 태어나면서부터 우는 걸까? 사람들은 빈손으로 태어나 빈손으로 돌아가는 것일 진데, **한 세상 살면서 다른 사람 물건을 잠시 빌려 쓰고 있는 것일 텐데 오직 '내 것' '내 몸'만을 외친다.**

어린아이는 생존을 위해 웃는다. 하루에 400회 정도 웃는다. 웃지 않으면 부모가 자신을 버릴 것으로 생각한다고 한다. 그런데 어느 정도 자라고 나면 잘 웃지 않는다. 성인들은 하루에 10회 이내로 웃는다고 한다. 이제는 나 혼자서도 잘 먹고 잘살 수 있다는 오만한 생각에 빠지고, 웃으면 나만 손해를 본다는 굳은 믿음이 자리를 잡고 있는 것으로 보인다. 결코 손해 볼 수 없다는 옹졸한 마음인지도 모르겠다. 웃음이나 미소는 상대방에게 공격할 의사가 없음을 나타내는 수단이었다고 한다. 그런 웃음이 사라지고 있다. 무뚝뚝한 표정, 느낌 없는 표정, 찡그린 표정은 상대방을 향해 공격하겠다는 선전포고를 하는 것과 다를 바 없다. 곁에 그런 사람이 있으면 왠지 무섭고 섬뜩하다는 느낌이 든다. **'미소가 잠들면 어둠이 날뛴다.'**

예쁜 말이 줄고 아름다운 미소가 사라지니 따뜻한 인정도 마른다. 이제는 생각도 빌리고 마음도 빌리고 웃음도 빌려야 하는 세상인가 보다. 그냥 빌려주지도 않는다. 빌리는데 돈 달라고 한다. **웃음이 빈곤한 세상을 우리 스스로 만들고 있다. '웃음 좀 나누어 씁시다'**, '인심 좀 빌려 씁시다'라고 말하면 그 사람 뺨을 때릴 겁니까? 함께 웃어주렵니까?

14
내 복은 누가 키우나?

동지섣달 그믐날과 정월 초하루가 교차하면 해가 바뀐다. 이 시기에는 '새해 복 많이 받으십시오'라는 덕담德談을 많이 주고받는다. 복福이라는 글자는 시示+복畐으로 구성되어 있는데, 하늘이 사람에게 내려서 나타내는 신의(神意)와 배가 불룩하게 부른 단지 모양의 상형문자다. 뜻은 '나누어서 불어난다.'라는 것이다. 그리고 삶에서 누리는 기분 좋고 만족할 만한 행운 또는 행복을 말하기도 한다. 예로부터 **오복**五福**은 수**壽**, 부**富**, 강녕**康寧**, 유호덕**攸好德**, 고종명**考終命(장수, 부유, 평강, 후덕, 잘 죽음)이라 하였으며 오복을 누리며 사는 사람을 부러워했다. '복'은 다른 사람들도 좋아한다. 특히 '나'가 복 받기를 더 절실하게 원한다. 복을 받고 싶거든 먼저 베풀고 쌓아야 한다고 하는데 우리들은 순서를 거꾸로 하는 데 익숙하다. '소유하는 복'이 아닌 '나누는 복'이 진짜 복이라 주장하는 사람도 마찬가지인 듯하다. 받는 즐거움은 순간이지만 나누는 즐거움은 오래간다. 주는 자가 받는 자보다 더 많은 복을 받는다. "주지 스님은 날마다 '밥 주지, 마음 주지, 선물 주지, 복을 주지'요. 그래야 주지 스님 자격이 있다고 한다."는 유머도 있다.

'복을 받으라'는 말은 내가 노력한 만큼이 아닌 우연히 굴러들어온 행운이나 요행이 포함되어 있고, '복을 지으라'는 말은 내가 쌓은 덕이 복으로 돌아오는 것이니 부단히 노력해야 한다는 뜻이 담겨있다. 복을 받기 위해 사는 삶이 아닌 복을 짓기 위해 사는 삶이 훨씬 더 아름답다 할 것이다.

내가 가진 복이나 재물을 다른 사람들에게 나누어 주는 것은 매우 어렵다. 소중하게 아끼는 물건은 물론 더 어렵다. 나누어주면 내 몫이 줄어들게 되고 때로는 먹고 사는 데 불편함이 생길 수도 있기 때문이다. '이걸 팔면 돈이 얼마인데' 하면서 아까워 한다.

거친 말은 뱉을수록 거칠어 지지만 복 있는 말은 할수록 향기로워진다. 방긋 미소는 일상에 지친 영혼을 편히 쉬게 해준다. 예쁜 말과 예쁜 미소는 베풀고 나눌수록 나의 즐거움이 늘어나고 상대의 기쁨은 만 배가 된다. 누군가의 마음속에 예쁜 복 씨를 심어놓으면 그 씨가 쑥쑥 자라 큰 나무가 되고 수많은 사람에게 바람도 막아주고 햇볕도 막아주고 편안한 휴식처가 되어줄 것이다. **'나'의 마음속에도 누가 뿌렸는지 알 수 없지만 많은 씨앗이 자라고 있다.** 알게 모르게 나를 위해 내가 잘되기를 응원하며 복을 빌어주는 다른 사람이 있다는 것이다. 그래서 '나'는 항상 곁에 있는 사람들을 통해서 복을 받고 있는 것이다. 오늘 누군가에게 신세를 졌다면 '오늘은 제가 복을 받았습니다'라고 말해보자. 그러면 더 큰 복이 굴러올 것이다. **만나는 모든 사람은 귀하다. 나누려는 마음으로 그 사람을 만나 내 편으로 만들어 보자.**

복은 돈복이 아닌 사람 복이 터져야 진짜 복이 터진 것이라 할 수 있다. 복이 터진다는 것은 복 가루가 멀리까지 퍼져서 많은 사람이 함께 그 복을 누리게 되는 것이다. 사람 안에 필요한 모든 것들이 다 들어 있다. 사소한 것들에 내 마음을 줄 수 있다면 다른 사람의 마음에 '나'가 오래 머물러 있을 수 있게 할 수도 있다. **말이 아름다우면 물안개가 강물 위로 내려앉듯이, 미소가 향기로우면 나비 떼가 꽃을 좇아 모여들 듯**이 사람들이 내 주위로 모여들 것이다. 예쁜 복이 모이는 것이다.

아름답게 솟아오르는 일출만큼 행복한 삶을 살아야 하겠고, 포근하게 넘어가는 낙조보다 더 황홀한 인생을 즐기기 위해서 감사의 복을 지으며 복되게 살아보자. 머릿속의 1톤의 생각보다 발로 뛰는 1그램의 실천이 행복을 부른다. 기분 좋은 하루, 기분 좋은 한 해, 기분 좋은 인생은 '나'가 지금 이 자리에서 만든다. 따뜻한 말을 해주고, 환하게 웃어주면 된다. 복덩어리는 굴릴수록 커진다. 지금 당장 '나'는 '다른 사람을 행복하게 해주는 일을 합니다'라고 외치자. 다른 사람들의 복까지 키워줄 수 있는 힘, 생각의 힘, 마음의 힘을 힘껏 키우자!

15
참 넉넉한 인연을 만났구려!

요즘 길을 걷다 보면 간혹 아리송한 광경을 엿볼 수 있다. 배부른 들고양이가 도로변에 세워 둔 차량을 이불 삼아 그 밑에서 세상 편한 자세로 낮잠을 자고 있는데 통통하게 살찐 쥐가 그 옆에서 날 잡아 봐라 하며 어슬렁거리는 모습이다. 한 걸음 더 옮겨 공원 쪽을 바라보면 기우뚱거리며 먹을 것 달라고 사람을 줄기차게 쫓아오는 뚱뚱하게 살이 오른 닭둘기(필자는 잘 날지 않고 닭을 흉내 내는 비둘기를 닭둘기라 부른다)의 모습도 보인다. 하루 세끼 꼬박꼬박 뭘 해 먹을까? 날마다 고민하는 사람한테는 다른 사람이 차려주는 한 끼의 밥상이 말할 수 없이 큰 행복일 것이다. 이런 행복의 맛에 길들여져 배고픔을 모르는 이 녀석들은 조만간 인정 많은 사람들에게 매 끼니마다 맛있는 밥상을 차려내라 '야옹~~', '구구구~~' 하면서 큰소리를 칠 듯하다. 얼마 지나지 않아서 층층이 **육갑생**六甲生 **이름표를 붙인 아파트**를 내놓으라 할 기세다. 참 인심 좋은 넉넉한 인연人緣을 만나 배부른 삶을 살아가고 있다는 생각이 든다.

쥐는 고양이 오줌에 들어 있는 펠리닌Feilinine 성분 때문에 심한 스트레스를 받으며, 고양이를 보면 천성적으로 도망가게 진화되었다고 한다. 그런데 어미 젖 먹는 시기에 펠리닌 냄새를 맡으며 자란 쥐 이거나 몸집이 제법 큰 쥐는 고양이를 보고도 도망가지 않고 오히려 공격하거나 편한 친구쯤으로 생각하는 것 같다. '고양이 앞에 선 쥐'라는 말은 이제 사라질 듯하다. 고양이가 쥐를 보고도 잡으려 하지 않고 함께 친구하려 한다면 과연 고양이라 할 수 있을까? 영양이 풍부한 사료를 배불리 먹어 체형이 커진 쥐는 어떠한가? 고양이를 보면 살기 위해 도망가야 마땅하거늘 천적인 고양이와 힘겨루기를 하려 한다. 고양이는 낮술에 취하고 쥐는 펠리닌에 취한 게 분명하다. 사람도 낮술에 취하면 부모도 못 알아본다 하더니만 딱 그 짝이다. 비둘기는 날개로 나는 본성을 잃어버리고 배가 불러서 더 이상 날지 못하고 기우뚱거리며 달린다. 마치 닭처럼 다리로만 걸어 다니려 한다. 넉넉한 인연隣緣을 만난 덕분인가? 아니면 **배부른 타성에 맛 들려 배고픈 본성을 잃은 것**인가?

'**덕불고필유린**'(德不孤必有隣, 덕 있는 사람은 외롭지 않고 반드시 돕는 사람이 있다)이라는 말이 있다. 나와 같은 생각으로 세상을 아름답게 가꾸는 이웃이 있다는 것이다. 가까운 불은 먼데 있는 물로 못 끄고, 가까이에 있는 이웃사촌이 먼 친척보다 더 낫다고 한다. 나무가 마르면 오던 새도 안 오는 것처럼 무언가를 먼저 베풀어야 사람이나 동물이나 내 곁으로 다가온다. 여기저기 맛있게 차려놓은 밥상을 보고 어느 녀석이 다가오지 않겠는가? 아무런 노력 없이 감나무 밑에 누워서 홍시 떨어지길 기다리는 동물과 기회가 있으면 놓치지 않겠다고 감나무 밑에 누워 삿갓 미사리를 대고 있는 사람이 언제부터 이렇게 절친한 이웃이 되었을까? 바라기는 한쪽만 바라보도록 목이 굳은 사람이라 하는데 이 녀석들은 사람 바라기가 되어버린 모양이다. 사람도 사람이 필요하다. 그러나 인연 귀한 줄 모르고 내팽개치니 사람과 사람 사이에 높은 벽만 세워진다. 겹겹이 고독에 갇힌다. 그러다 보니 먹거리를 따라온 인연因緣들이 사람들의 소중한 말동무가 되고 사람들이 오히려 동물 바라기가 되어가고 있는 것은 아닐까?

인연의 점을 하나 둘 보태면 선이 되고, 선을 하나 둘 겹치면 면이 되고, 면을 하나 둘 포개면 공간이 되고, 공간에 인연의 점들을 흩뿌리면 이웃이 된다. 천생연분 만나는 참 좋은 인연因緣, 넉넉한 마음을 가진 사람 만나는 참 좋은 인연人緣, 푸짐한 복福을 나눠주는 이웃 만나는 참 좋은 인연隣緣, 그 인연은 누군가에게 큰 힘이 되고 의미가 되고 큰 꿈을 이루는 원동력이 된다. 어리석은 사람은 인연을 만나도 못 알아보지만 현명한 사람은 옷깃만 스쳐도 그 인연을 살려낸다고 한다. 지금 곁에 있는 사람이 석 달 장마 끝에 나오는 햇살처럼 그토록 그리던 바로 그 인연이다. 꼭 다시 만나고 싶어 가슴 쥐어뜯는 인연일 것이다.

제2장

맛있는 말, 가시는 빼라!

1

같은 말을 하면서 서로 틀리다고 다투는 사람들

마음이 갈지之 자면 행동도 갈지자가 된다. 갈지자로 걸으면 다가오는 다른 사람과 부딪히기 쉽다. 다가오는 상대와 눈빛을 교환하고 움직이는 리듬을 맞추면 다행스럽게도 조화를 이룰 수 있다. 그러나 여전히 불안하고 어색하다. 자칫 잘못하면 상대와 부딪히고 다툼이 일어날 수 있다. 고슴도치의 딜레마처럼 너무 가까이 가면 찔릴 수도 있다. 조심해야 하니 신경이 곤두서고 그만큼 피곤해진다. 그것을 피하는 좋은 방법은 비틀거리는 상대방이 넉넉한 마음으로 지나가기를 기다려 주면 될 것이다. 다른 사람이 갈지자로 걷는다고 나도 갈지자로 걸어야 할 이유는 없다. 똑바로 걷는 것이 바람직하고 또한 그렇게 걸어야 한다. 이것이 함께 살아가는 마음이고 올바른 방법일 것이다. 갈지자로 걸을 것인가 똑바로 걸을 것인가는 '나'의 말과 생각이 결정한다. 같은 말을 하고 같은 생각을 하고 같은 마음을 가지고 같은 방향을 바라보며 걷는다면 함께 어울려 사는 행복과 즐거움이 있을 것이고 그 반대이면 불행과 다툼만이 넘칠 것이다.

'ㄱ'을 보고 'ㄴ'이라 읽고 '나'를 '너'라고 읽으려는 사람들의 심보는 어딘지 모르게 삐딱하게 모가 나 있고 기울어져 있다. 내 편이 'ㄱ' 이라 말하면 'ㄱ'이 라 알아듣고 잘했다며 박수를 치고, 상대편이 'ㄱ' 이라 말하면 'ㄴ'이라 오해하고 악의적으로 'ㄱ'이 아니고 'ㄴ' 이라 우긴다. 같은 말을 하는데 뜻이 왜 다를까? 똑같은 말인데도 **'내 편'이 말하면 귀에 순하고 잘 받아들이고, '네 편'이 말하면 귀에 거슬리고 어색해한다.** 일명 '내로남불'을 주변에서 흔히 볼 수 있다. 참 별난 모습이다. 이런 현상을 오래 방치하면 사회가 아프게 된다. 잘못되었다고 느낄 때 즉시 반드시 바로잡아야 한다. 그렇지 않으면 모두 비뚤어진다.

그런데 우리들이 하는 말, 똑같은 말을 하는데도 내 편이 하면 박수를 치고 상대편이 하면 욕설을 내뱉는 이유가 뭘까? 참 궁금하다. 무리 당黨은 항상 상常과 검을 흑黑의 조합이다. 무리를 짓는 사람들은 항상 검은 마음을 지니고 있다는 것이고 속임이 있다는 것이다. 그들은 왜 속이려 하는가? 상대를 속여 돈을 쉽게 벌려 하기 때문이다. 탐욕 가득한 마음이 상대를 배려하기보다는 '내가 먼저', '내 편이 먼저'이기를 원하는 지극히 이기적이기 때문이다. 국민을 속여 권력을 잡으려 하고, 권력을 잡고 나면 '어제 했던 말'과 '오늘 한 말'이 똑 같은 데도 뜻이 다르다고 우긴다. 어제는 이 말이 맞다 하고 오늘은 이 말이 틀렸다 한다. 이것은 국민을 속이는 것이고,

국민을 우습게 보는 것이다.

말의 뜻은 하나여야 한다. 일관성이 있어야 한다. 그 말뜻을 바꾸려면 공동체를 이루고 있는 구성원들의 동의를 받아야 한다. 그러나 지금은 그렇지 않다. 편이 갈리면서 말의 뜻도 달라지고 있다. 말의 뜻이 쪼개지고 있다. **'내 편 말 사전', '네 편 말 사전'**이 따로 만들어지고 있는 것이다. 같은 말을 하면서 통역이 필요해지는 참 별난 세상이 되어가고 있다. 말의 뜻이 쪼개지면 생각도 마음도 쪼개진다. '내 편', '네 편'이 아닌 '우리'라는 말 사전이 필요하다. 장작 쪼개는 도끼로 사람들 마음을 후려 패고 있으니 마음이 쪼개질 수밖에 없지 않는가?

관자管子는 **凡言而不可復, 行而不可再者, 有國者之大禁也**(되풀이하지 못 할 말이나 두 번 다시 못 할 행동, '임시 응변으로 하는 말과 행동', 나라를 다스리는 사람들이 매우 삼가야 하는 것), **言室滿室, 言堂滿堂**(말의 뜻이 이중적이지 않고 정확하게 전달되어야 한다)고 주장했었다.

말과 행동은 내가 기분이 좋고 나쁨에 따라 큰 차이가 날 수 있다. 마음도 마찬가지다. 평생 함께할 것처럼 좋아하다가도 어느 순간 같은 하늘 아래 함께 있기를 거부하는 원수처럼 미워하기도 한다. 손바닥 뒤집는 것처럼 좋은 사람을 나쁜 사람으로 만들기는 쉽다. 말, 행동, 마음은 그대로인데 무엇이 그것들을 다르게 만들고 있는가?

2
촉촉한 말, 마른 나무에 꽃을 피운다!

필자는 중학교에 들어가 '노래 부르기' 실기 시험을 치고 나서야 지독한 음치라는 사실을 알았다. 음정과 박자를 도통 무시하고 마치 내가 작곡가 인양 내 감정에 충실하면서 내 맘대로 부르고 있었던 것이다. 그때 선생님께서 '너 같은 음치는 정말 처음 본다.'라고 핀잔을 주셨다. 이렇게 저렇게 해보라는 말씀도 없었다. 얼굴이 붉어지고 속이 상했지만 어찌 할 방법이 없었다. 그 이후로 저는 음치라는 생각에 노래 부르는 것을 잊고 살았다. 그래서 언제 어디서나 누가 노래를 부르라 하면 무척 곤혹스러웠다. 때로는 저를 모욕 주거나 능멸하기 위해 노래를 시킨다고 오해 아닌 오해를 하기도 했었다. 그렇다고 언제까지나 못 한다고 피할 수도 없고, 다른 사람들과 좀 더 가깝게 어울리기 위해서라도 노래를 불러야겠기에 마음을 고쳐먹고 노래 연습을 시작했다. 먼저 가사 속에 숨어 있는 스토리를 이해하고 노래방 기기를 이용해서 음정 박자를 익히니 조금은 자신감이 생겼다. 그래서 지금은 먼저 나서서 노래를 부르지 않더라도 제 순번이 오면 뒤로 빼지 않고 부른다. 하지만 아직도 많이 부족하고 어색하여 남들로부터 잘 부른다는 칭찬의 소릴 들어보질 못했다.

최근에 어떤 모임이 끝나고 노래를 부를 기회가 있었다. 제가 노래를 중간 정도 부르고 있을 때 옆에 있던 사람이 '노래를 그렇게 하면 가수가 욕해요'라고 말하면서 마이크를 빼앗아 가고 본인이 그 노래를 끝까지 부르는 것이었다. 참 황당하고 모욕감이 치솟았다. 무슨 이따위 똥 같은 매너가 있나 싶었다. 끝까지 듣고 나서 이러쿵저러쿵 잘못된 부분을 설명해주고 다시 불러보라 하면 서로 민망하지 않았을 텐데 말입니다. 말은 어떻게 하느냐에 따라 맛이 있고 없고 멋이 있고 없고 서로 다른데, 이 사람은 과연 말을 잘할 줄 아는 사람인가 궁금했다. **미숙한 초보자에게 조그마한 배려는 구성원 모두를 편안하게 해준다**는 사실을 정말 모르는 것일까? 저는 더 큰 상처를 받고 싶지 않아서, 어색해진 분위기가 싫어서 그 자리를 급히 떠나올 수밖에 없었다.

누가 그대에게 가르쳐달라고 했는가? 누가 그대에게 평가해달라고 하였던가? 누가 그대에게 지적 질 해주라 했단 말인가? 누가 그대에게 다른 사람을 무시하는 권리를 부여했다는 것인가? 태어날 때부터 잘한 게 있었으면 그것을 직업으로 삼고 지금쯤 잘 나가는 유명인이 되어있겠지요? 관심의 차이, 노력의 차이, 열정의 차이에 따라 남들보다 조금 더 잘하고 못 하는 것이 있을 수 있다. 잘하고 못하고의 차이도 어쩌면 백지장 한 장 차이에 불과할 것이다. 남들보다 조금 잘하는 것처럼 보이는 것을 가지고 마치 매우 잘한다고 착각하고, 다른 사람들이 조금 서툴러 보이면 그것으로 다른 사람들을 무시한다는 것은 거만함과 오만함이 넘치는 것이다. 형편없구나, 겨우 그 정도야, 왜 그렇게밖에 못 해, 왜 그것밖에 안 돼, 그래 많이 컸다?, 돈값 하고 있네, 그놈보다 잘하네, 너는 움직이는 지적사항이야 등등, 이런 말들을 아무렇지 않게 내뱉는다면 서로에게 무슨 득이 있겠는가?

알량하게도 굽어진 자신만의 잣대로 삐뚤어진 자신만의 기준으로 곧게 펴진 잣대를 사용하는 남들을 무시하는 것은 아닐까요? 내가 너보다 잘한다고, 훨씬 더 뛰어나다고 생각하는 것은 지극히 주관적이고 상대적인 것이다. '네가 잘한다고 큰 소리 친 게 고작 이거였어?', '야, 네가 자랑하고 싶은 게 겨우 이것뿐이야?', '머리통 크다고 공부 잘하는 거 아니다' 이런 식으로 노련하게 다른 사람들을 무시하면 나보다 잘나고 눈치 빠른 그들은 속속히 다 알아본다. **무시당하는 그들은 무시하는 당신보다 훨씬 더 똑똑하고 영리하다.** 무시당하는 순간 '그래, 네가 언제까지 잘 나가나 어디 한 번 두고 보자', '깜도 안 되는 녀석이 까불대고 있네.' 이런 식으로 마음에 울분과 저주를 쌓기 시작한다. 상대를 무시하면 상대는 저주의 칼을 갈기 시작한다. 그러면 그 저주와 분노는 이자 부쳐서 끝내 '나'에게로 돌아온다. '그냥 하면 돼' 보다는 '이렇게 해보면 어떨까' 하는 촉촉하고 따뜻한 말로 썩은 나무에 아름다운 꽃을 피우는 고운 하루가 되었으면 참 좋겠다.

3
막말 경연대회, 누가 누가 잘하나?

지금의 시대 상황을 옛 선인들이 보면 한마디로 무어라 정의할 것인가? 다음 문장 중에서 이 시대와 관계없는 문장을 있는 대로 고르시오 하면 몇 개나 선택되어 질까? 자못 궁금해진다. 정치꾼과 일반 국민의 답은 얼마나 많은 차이가 있을까?

1. **지록위마**指鹿爲馬, 사슴을 가리켜 말이라 한다는 뜻으로, 윗사람을 농락하여 권세를 휘두른다. 2. **양두구육**羊頭狗肉, 양 머리를 걸어놓고 개고기를 판다는 뜻으로, 실제로는 그렇지 않으면서 겉으로는 그럴싸하게 허세를 부린다. 3. **호가호위**狐假虎威, 여우가 호랑이의 위세威勢를 빌려 호기豪氣를 부린다는 뜻으로, 남의 세력勢力을 빌어 위세威勢를 부린다. 4. **표리부동**表裏不同, 앞에서 보여 지는 모습과 뒤에서 하는 생각이 일치하지 않는 것을 가리킨다. 5. **구밀복검**口蜜腹劍, 입에는 꿀을 바르고 뱃속에는 칼을 품고 있다는 것으로 겉으로는 친절親切하나 마음속은 음흉陰凶하다. 소리장도笑裏藏刀, 소

중유검笑中有劍이라는 말도 있다. 6. **면종복배**面從腹背, 겉으로는 복종하는 것처럼 하면서 속으로는 배반하는 것으로 면종후언面從後言도 있다. 7. **양봉음위**陽奉陰違, 겉으로는 명령을 받드는 체하면서 물러가서는 배반하는 것. 8. **마이동풍**馬耳東風, 바람이 말귀를 스치는 것으로 우이독경(牛耳讀經, 쇠귀에 경 읽기), 대우탄금(對牛彈琴, 소 앞에서 거문고 타기)도 있다. 9. **지부작족**知斧斫足, 믿는 도끼에 발등 찍힌다는 것으로, 믿는 사람에게 배신당하는 것. 10. **동상각몽**同床各夢, 같은 침상寢床에서 서로 다른 꿈을 꾼다는 뜻으로, 동상이몽同床異夢도 있다. 11. **곡학아세**曲學阿世, 자신의 뜻을 굽혀가면서까지 세상에 아부하여 출세하려는 태도나 행동을 의미한다. 12. **견강부회**牽强附會, 전혀 가당치도 않은 말이나 주장을 억지로 끌어다 붙여 조건이나 이치에 맞추려고 하는 것, 아전인수(我田引水, 제 논에 물 대기라는 뜻), 추주어륙(推舟於陸, 배를 밀어 육지에 댄다는 뜻)도 있다. 13. **영서연설**郢書燕說, 영 땅의 사람이 쓴 편지를 연나라 사람이 잘못 해석한 것으로, 이치에 맞지 않는 것을 끌어다 맞는 것처럼 말한다. 14. 홍길동이 '아버지를 아버지라 부르지 못한다', 15. **여측이심**如厠二心, 화장실 갈 때 마음과 나올 때 마음이 다르다. 16. 손등으로 하늘을 가리려 한다.

우리들이 선택한 답안지가 '해당 사항이 없음'이라면, 이 시대는 분명 아름다운 사회라 할 수 없을 것이다. 아수라장, 야단법석, 난장판, 엉망진창, 뒤죽박죽 등의 단어가 낯설지 않고 귀에 익숙하다면 이 또한 바람직한 현상은 아닐 것이다.

관자管子는 목민편牧民篇에서 예의염치禮義廉恥를 사유四維라 하였다. 하나가 끊어지면 나라가 기울고, 둘이 끊어지면 나라가 위태하고, 셋이 끊어지면 나라가 넘어지고, 넷이 끊어지면 나라가 멸망한다고 하였다. 기울어지면 바로잡을 수 있고, 위태로운 것은 안정시킬 수 있고, 넘어지면 일으켜 세울 수 있지만, 멸망하면 다시 복원할 수 없다고 하였다. '예'는 절도를 넘지 않는 것으로, 절도를 지키면 윗사람의 자리가 평안하다. '의'는 스스로 나서지 않는 것으로, 스스로 나서지 않으면 백성들 사이에 속임이 없다. '염'은 악을 감추지 않는 것으로, 악을 감추지 않으면 행동이 온전해진다. '치'는 그릇된 것을 따르지 않는 것으로, 그릇된 것을 따르지 않으면 사악한 일이 발생하지 않는다고 하였다. 특히 그는 천하에 신하가 없음을 걱정하지 말고 신하를 적절히 쓰는 군주가 없음을 걱정해야 한다고 강조하였었다.

불이 났는데도 불이 났다고 말을 못하고, 배가 고픈데도 배가 고프다고 말을 못하고, 마음이 아픈데도 마음이 아프다고 말을 못한다. '네가 죽어야 내가 살 수 있다'는 신념에 묻혀 사는 사람들, 예의염치가 무너지고 막말과 비난만이 난무하는 세상이다. 과연 **어린 애들이 보고 무엇을 배울 것인가? '너는 도대체 누굴 닮아서 그 모양이냐'고 따져 물을 수 있을 것인가?**

4
예쁜 말, 어색해서 못할까 인색해서 안 할까?

요즘 사람들에게 예쁜 말 예쁜 미소가 모두에게 좋다는 것과 이 사회를 위해 널리 보급되어져야 한다고 강조하다 보니, 사람들이 예쁜 말 고운 말을 잘못하는 이유가 궁금해서 '왜 안 하는지' 묻곤 했었다. 글쎄요, 게을러서, 어색해서, 쑥스러워서, 낯 간지러워서, 오해를 받을까 봐서, 왠지 손해 본 느낌이 들어서, 남들이 나를 얕잡아 볼까 봐서, 왜 내가 먼저 해야 하나요 등의 대답을 들을 수 있었다. 이런 분들에게 꿈을 이룰 수 있는 말, 지금보다 훨씬 더 잘살게 해주는 말, 팔자를 바꾸어 줄 수 있는 말이 있다면 어떻게 하고 싶냐 물으니, 그런 말이 있으면 지금 즉시 해야 지 왜 꾸물거리겠나, 남들 보다 내가 먼저 해야 하는 것 아냐? 그러면서 혼자 독차지하고 싶어 그 말을 빨리 해 달라고 달려들었다.

예쁜 말이 좋다고 하면 어색해서 못하겠다고 하면서도 팔자를 고칠 수 있는 말이 있다고 하면 서로 먼저 하려고 하는 근본적인 이유가 뭘까요? **예쁜 말 고운 말을 머리로는 해야지 하지만 몸으로는 해보지 않아서 어색하고, 익숙하지 않아서 실제로 잘못한다.** 예쁜 말이 팔자를 고칠 수 있는 말임을 진정 모른다는 것일까요? 해보면 알 수 있는데, 믿지 않고 의심을 하면서 손쉽게 할 수 있는 것조차도 안 한다. 갑자기 하려 하니 무척 어색해서 더더욱 못하게 된다. 해보지 않아서 어색하고, 못하게 되고, 그래서 못하는 것을 당연하다고 인식하게 된 것이다.

뇌는 습관이 된 감정을 더 확대하고 강화시키는 습성이 있으며, 사람들이 좋아하는 것보다 익숙해진 것을 더 선호한다고 한다. 결국 안 하는 것이 습관이 되고 익숙해져 버린 것이다. 그래서 갈수록 칭찬하는 말을 어색해하고, 미소 짓는 것을 불편해하는 것 같다.

말을 앞세우고 따라가는 것이 우리의 인생이다. 예쁜 말 고운 말을 앞세우면 우리의 인생이 예뻐지고 예쁜 인생을 살 수 있다. '말이 주는 축복', '말이 이끄는 행복'을 굳이 외면하고 멀리하려 하지 말자. 예쁜 말을 못 하는 것이 아니고 할 마음이 없어 안 하는 것이 아닌가요?

향기로운 꽃에는 벌과 나비가 모여든다. 아름다운 꽃에는 그들이 좋아하는 그 무언가가 있다. 우리들이 존경하고 닮고 싶은 사람에게서는 단내가 난다. 말에 단내가 나고 생각에 향기가 묻어 있는데 누가 그 사람을 싫어하고 누가 그 사람을 멀리하려 하겠는가.

그 사람과 가까이 하고, 그 사람의 말과 행동, 생각을 모방하고 따라서 해보면, 자신이 존경했던 그 사람을 닮아간다. 뇌에는 거울 뉴런이라고 하는 것이 있어서, 다른 사람이 하는 것을 보면 자신도 그렇게 하고 있는 것처럼 느끼게 되고, 그런 것들이 뇌에 영향을 미쳐 그 사람을 닮아가게 한다. 생면부지의 남녀가 만나서 결혼하고 오랫동안 함께 살아온 부부를 보면, 부부의 얼굴은 물론 말투, 행동들도 닮아 있다. 이처럼 서로 가까이에서 보고 느끼면 닮아 간다. 좋은 말 예쁜 말 고운 말도 자주 듣다 보면 그것이 뇌에 영향을 미쳐 감나무 끝에 매달린 빨간 홍시처럼, 어두운 밤을 환하게 비춰주는 보름달처럼, 누구에게나 호감 받는, 누구에게나 사랑받는 사람이 될 수 있다. **몰라서 못 하는 것이 아니고 안 해봐서 못한다면 지금 즉시 해보자.**

나는 도저히 할 수 없다고 생각해서 포기한 그 일을 그 누군가가 해낸다면 참 당황스럽다. 결국 생각이 바뀌면 인생이 바뀌는 것이고, 관점을 바꾸면 해결책을 찾아낼 수 있다는 사실이다. 내가 대접받고 싶으면 남들을 그만큼 대접해주면 된다. 인정받고 싶고, 칭찬받고 싶고, 관심받고 싶거든 그들을 인정하고 칭찬하고 그들에게 관심을 가지면 된다.

말은 배운 대로 하는 것이 아니라 몸에 밴 대로 한다. '저 나이 먹도록 말을 저렇게 밖에 못 할까, 나잇값도 못 하냐?'라는 말을 듣고 싶지 않다면 예쁜 말 예쁜 미소가 몸에 배도록 부단한 연습을 해보자. **예쁜 말은 꽃이 되고 고운 말은 향기가 된다.** 인색해서 안 하는 사람, 어색해서 못하는 사람은 되지 말자. 모두 의지의 문제다.

5
행복의 줄에 서시오!

모처럼 몇 명의 친구들과 함께 기분 좋은 산행을 마치고 내려왔다. 가까운 지하철역으로 가는 버스를 타려고 정류장에 도착해보니, 버스를 기다리는 많은 사람이 어떻게 줄을 서야 하는지 분명하지 않아서 여기저기 여러 갈래로 줄을 서고 있었다. 필자는 가장 먼저 도착해서 기다리고 있던 사람들의 줄을 찾아서 다른 승객들도 그 줄에 서도록 안내를 해드렸다. 땡볕에 땀을 뻘뻘 흘리면서 오랫동안 오지 않는 버스를 마음 졸이며 기다리는 사람이 많아졌다. 그런데 기다리고 있던 버스가 도착하고 문이 열리자 처음부터 줄을 서지 않았던 사람이 중간에 새치기를 할려고 끼어들었다. 그래서 오랫동안 줄을 서 있던 사람들이 '줄을 서시오' 하고 큰소리로 외쳤다. 그러나 새치기를 하는 그 사람은 '줄을 서라'는 말을 무시하면서 그대로 앞 사람을 제치고 버스에 올라탔다. 다른 사람들이 '무슨 저런 사람이 다 있어', '참 예의가 없는 사람이구만' 하며 여기저기서 불평불만을 늘어놓았다. 그럼에도 불구하고 새치기를 한 사람은 쥐새끼가 쥐구멍 드나들 듯 재빨리 올라가 제일 좋은 자리를 차지하고 앉았다. 그리고 줄을 서서 나중에 타는 사람들을 비웃기라도 하는 듯이 물끄러미 쳐다보고 있었다. 조금이라도 미안해하는 기색이나 자리를 양보할 자세를 취했다면 줄을 섰던 사람들의 마음이 다소 수그러들었을지 모른다. 그러나 그 사람은 전혀 그럴 마음이 없었다. 참 어처구니가 없었다.

좁은 도로여서 사람들이 줄을 서서 기다릴 만한 공간이 부족하기도 하였지만, 버스가 출발하는 곳에 줄을 설 수 있도록 안내하는 팻말이라도 있었다면 이렇게 막무가내로 새치기를 할 수 있었을까? 하는 생각이 들었다. 팻말이 있고 없고의 문제가 아니라 줄을 섰던 사람들이 줄을 서라고 외쳤음에도 그 말을 무시하는 그 뻔뻔함은 어디에서 오는 것일까? 그 한 사람 때문에 새치기를 당한 사람들은 다른 승객들과 이리저리 부딪히면서 버스에서 내리는 순간까지 불편한 마음을 달래야 한다는 사실이었다. 줄 서는 곳을 잘 모르는 사람이 그러했다면 이해하고 넘어갔겠지만 알 만한 사람이 그런 행동을 하니 다른 사람들처럼 필자도 화가 났었다. **'당신의 방금 전 행동은 언젠가는 똑같은 방식으로 보복을 당할 수 있을 것이다.** 그러니 성공하고 싶거든 행복의 줄에 서야 한다.'라고 꼭 말해주고 싶었다.

깨진 유리창을 방치하면 마치 전염병처럼 빠르게 퍼져서 그 일대가 무질서와 범죄의 온상이 된다는 **'깨진 유리창 이론'**이 있다.

간단하고 단순한 것 같지만 가장 기초적인 생활 질서를 무시하면 안 된다는 것이다. 새치기 하는 것을 지적하면 오히려 '왜 이렇게 유난을 떠세요?', 아니면 '정말 무정한 사람'이라고 반박의 소리를 들을 수도 있다. 때로는 그런 말로 인해 큰 싸움이 벌어지기도 한다. 그러나 잘못한 것을 보고도 따끔하게 지적할 수 없다면 진정 건강한 사회라 말할 수 없을 것이다. 쥐새끼처럼 행동하면 쥐새끼 취급을 당해야 마땅하다. 그리고 바늘 도둑이 소도둑이 되지 않도록 이끌어주는 것은 우리 모두의 책임일 수 있다. **질서를 지킨다는 것은 다른 사람에 대한 배려의 시작이며, 서로의 행복을 지켜주는 출발선**인 것이다.

Cosmos는 희랍어인 Kosmos에서 유래하였으며 조화로운 우주를 말한다. 질서가 바로 잡히면 함께 더불어 사는 세상은 더욱 아름다워진다. 가을의 꽃 코스모스, 꽃대가 가늘고 길어서 홀로 서 있기에도 힘들어 보이지만 다른 꽃들과 함께 있으면 어지간한 바람에는 쓰러지지 않는다. 바람과 다른 꽃들과 함께 어울려 조화를 이루기 때문이다. 그래서 코스모스의 꽃말은 조화인지도 모르겠다. 사람들은 일상생활 속에서 질서나 순서를 지키는 것이 불편하다고 느끼면 거리낌 없이 편리함을 선택하려 한다. 누가 보지 않는다면 더더욱 그렇다. 서산대사는 '오늘 내가 남긴 발자취는 뒷사람의 이정표가 된다.'라고 하였다. **혼자 편하기 위해 줄을 서서 기다리는 선량한 이웃을 바보로 만들지 말자.** 함께 줄을 서는 예쁜 친구가 되어 보자.

6
이기는 것이 목표인가?

험한 산을 오르는데 원숭이와 사람이 경쟁하면 누가 이길까? 높은 하늘을 나는데 참새와 사람이 경쟁하면 누가 이길까? 깊은 강을 건너는데 피라미와 사람이 경쟁하면 누가 이길까? 산을 오르고, 하늘을 날고, 강을 건너는데 우수한 자질을 타고난 원숭이, 참새, 피라미를 상대로 시합을 한다면 사람들은 결코 이길 수 없을 것이다. 경쟁의 출발선이 완전히 다르기 때문이다. **우리들은 이 세상에 태어난 순간부터 자의든 타의든 무조건 생존경쟁의 출발선에 서게 된다.** 특히 먹고 사는 문제, 권력의 소유, 대접받고 존중받고 싶은 욕망 등을 위해 한 치의 양보 없이 치열하게 경쟁을 하게 된다. 모두 경쟁의 바다에 빠져 허우적거린다.

어떤 시합이나 게임을 할 때 이기면 언제나 즐겁고 기분이 좋다. 그래서 사람들은 죽자사자 이기려 하는가 보다. 무엇 때문에, 어떻게, 왜, 언제까지, 누구를 상대로 이기려 하는가? 수많은 경쟁에서 이기고 잘나가는 조직은 구성원들이 이기기 위해서 생존하기 위해서 무엇을 해야 하고 어떻게 해야 하고 왜 해야 하는지를 잘 안다고 한다. 세상을 살아가는 동안 이기고 지는 경우가 다반사일 텐데, **이기는 것이 과연 자신이 행복해지기를 원하는 것인지 타인이 불행해지기를 원하는 것인지** 참 궁금하다. 배고픔은 참을 수 있어도 배 아픔은 참을 수 없는 것이 인간의 본성이어서 남이 잘되는 꼴을 못 본다고 주장하는 사람들도 있지만, 자신이 가지고 있는 능력을 마음껏 발휘하여 참다운 행복을 느낄 수 있다면 족하지 않겠는가? 굳이 상대가 잘못되고 불행해지기를 바랄 필요는 없을 것이다. 상대의 부탁을 들어주고 상대의 행복을 빌어주면 되돌아오는 자신의 행복은 두 배로 커진다. 그러므로 자신만의 맛깔스런 행복을 위해 상대를 불행하게 만들면 안 될 일이다.

경쟁에서 이기고자 하는 목적은 자신이 행복해지는 것이지 타인을 불행하게 하는 것이 아님을 명심하자. 상처는 주고받는 속성이 강하다. 자신의 약점이나 부족한 점, 끝까지 숨기고 싶은 비밀들을 누군가가 지적질 해대면 질투와 분노의 감정으로 샤워하게 되고, 참을 수 없는 화가 폭발하면 결코 아물지 못하는 상처가 된다. 타인의 행복을 빌어주는 것이 결코 쉬운 일은 아니다. 하지만 그들이 행복해지는 것을 방해하지는 말자. 또한 그들의 천사 같은 재능기부를 기다리지 말고 내 것을 먼저 내어주자.

경쟁 없이 이기면 좋겠지만, 반드시 이겨야 살아남을 수 있고, 이기면 기분이 좋기 때문에 누구나 경쟁에서 이기려 한다. 모두가 이기기를 원하므로 이기는 방법은 항상 참가자 모두가 공감하고 인정하는 정정당당한 방법이어야 한다. 반칙과 불법, 비정상적인 방법과 편법으로 이긴다면 이것은 이기고도 지는 것이며 진 사람은 지고도 이겼다고 주장할 것이다. 고추와 부추가 반반씩 들어간 전을 '고추전'이다 '부추전'이다 하고 서로 주장한들 무슨 소용이 있겠는가? 입맛대로 맛있게 먹었으면 감사하다 말하면 될 일이다. 억지를 부리며 이기려 하다가는 서로 패자가 된다. 결국에는 참가자 모두 아름다운 승자가 아닌 더러운 패자가 될 수밖에 없다.

어찌하여 순리의 수레바퀴를 무모하게 막아서려 하는가? 어찌하여 도도하게 흐르는 민심의 강을 거스르려 하는가? 죽음을 이기려 하고, 진실을 이기려 하고, 세월을 이기려 하고, 트렌드Trend를 이기려 하면 과연 이길 수 있을까? 시련이 있으면 지혜가 자랄 것이고 나이가 들면 그만큼 인정도 많아져야 할 것이다. 절실함과 간절함으로, 타인이 아닌 자신을 이기려 해보았는가? 작심삼일의 목표를 포기시키는 달콤한 유혹을 이기려 해보았는가? 이기는 것이 어려우면 지지 않는 방법을, 앞서가는 것이 어려우면 뒤처지지 않을 방법을 자신만의 생각 근육, 감정 근육, 마음 근육으로 찾아보자. 상대가 모르는 이기는 방법을 찾아낸다면 언제나 삶에 자신이 있을 것이다. **인생은 게임의 연속이다.** 무엇을, 어떻게, 누구를 이길 것인가 보다 **'왜' 이겨야 하는지를 답할 수 있어야 한다.** 반드시, 꼭, 무조건, 절대로 이겨야 하는 목표는 무엇인가?

7
내 편, 네 편, 우리 편은 누구인가?

최근 국회의원회관에서 진행하는 '포럼' 행사 참석을 위해 국회를 방문할 기회가 있었다. 국회의사당 정문에는 많은 사람이 들어가려고 아우성을 치고, 들어가려는 사람들을 필사적으로 막아내고 있는 경찰들은 그들에게 불법이므로 해산하고 돌아가라 외치고 있었다. 들어가려는 사람들은 '무조건 문을 열어라, 흩어지면 죽는다, 결단코 뭉쳐야 살 수 있다'라고 외치니 계속해서 더 많은 사람이 모여들고 있었다. 그래서 필자는 멀쩡한 정문을 놔두고 저 멀리 뒤쪽에 있는 좁은 문으로 들어갈 수밖에 없었다. 왜 이렇게 갈라서야 하는지, 왜 저렇게 편이 나누어져야 하는지 답답한 마음뿐이었다. 찬바람이 얼굴을 때리니 갑자기 '허들링'이 떠오른다.

펭귄을 캐릭터 한 '펭수'가 어른들의 뽀통령으로 불리면서 대중적 인기몰이를 하고 있다. 깨 방정을 떠는 모습이나 직설적으로 질투를 표출하는 모습 등 일종의 안티히어로Antihero의 모습을 보이면서 어린이가 아닌 어른들이 더욱 열광하는 것 같다. 사람들은 너무나 추워서 아무리 옷을 두껍게 입어도 채 1시간도 버티기 어렵고, 맨살을 노출하면 불과 몇 초 만에 손이나 발이 잘려 나가는 것 같은 극심한 고통을 느낀다는 남극에서 펭귄은 그 매서운 추위와 세찬 블리자드를 어떻게 이겨내고 있는가? 그들은 '허들링'을 통해 이 혹독한 추위를 이겨낸다고 한다.

허들링Huddling은 군집을 이루고 있는 바깥쪽 펭귄이 체온이 떨어지면 순차적으로 군집 안쪽으로 자리를 옮기는 현상을 말한다. **블리자드**(Blizzard, 시속 180킬로미터로 부는 세찬 눈보라)가 휘몰아칠 때 펭귄의 단단한 밀집 대형이 주기적으로 흐트러지고 바깥쪽 펭귄이 안쪽으로 조금씩 들어가면서 체온을 유지한다. 속도는 아주 느리지만 계속 움직이기 때문에 찬바람을 계속해서 맞지 않으며, 서로 몸을 바짝 맞대고 서 있는 덕분에 서로의 체온이 전달되어 추위를 견뎌낼 수 있는 것이다. 추위를 막고 새끼를 보호하며 각자 살아남기 위해 바깥쪽 펭귄이 얼어 죽지 않아야 군집이 산다는 것을 본능적으로 안다. **귀여운 펭귄조차도 생존을 위해 이처럼 체온을 공평히 나누고 서로 배려하고 함께 협동하는 것이다.**

호수나 강가에서 서식하는 철새들은 철이 바뀌면 다른 지역으로 이동하는데, 주로 V자 대형을 이루며 날아간다. 기러기도 이 부류에 속한다. V자형 편대를 지어서 날면, 앞에서 나는 기러기의 날갯짓에 Vortex(渦流, 소용돌이)가 발생하여 뒤따르는 기러기가 날갯짓 하는데 도움을 준다. 그래서 소요되는 에너지의 약 30% 정도를 절약할 수 있다고 한다. 특히 장거리를 이동할 때는 최소한의 에너지만을 소모하면서 날아가야 하기 때문에 V자 대형을 유지하면서 함께 날아가야 한다는 것이다. 가장 앞선 기러기가 지치게 되면, 그 기러기는 대열의 중간으로 들어가고 바로 뒤에서 날던 기러기가 앞으로 나와서 그 편대를 이끈다. 뒤에서 나는 기러기들은 '끼룩끼룩'을 외치며 서로를 응원하고 격려한다. 하늘을 나는 기러기조차도 체력을 공평히 나누고 서로 배려하고 더불어 협동할 줄 안다는 사실이다.

힘은 하나로 뭉칠 때 강하게 된다. 하나 됨Unity, 조화Harmony, 협력Cooperation이 있을 때 단체나 조직의 힘도 가장 강해진다. 이런 사실을 알면서도 끝내 모른 척하며 뿔뿔이 쪼개지고 있는 현실이 안타깝다. 나를 지지하는 사람만 내 편이고 네가 좋아하는 사람만 네 편이라면 우리 편은 도대체 누구란 말인가? 내 편, 네 편, 우리 편을 어떻게 구별해야 하는지 뒤뚱거리는 펭귄에게 답을 물어야 하는가? 석양을 벗 삼아 나는 기러기에게 길을 물어야 하는가? 한솥밥을 먹고 사는 가족들끼리도 각각 편이 갈리니 믿음직한 우리 편은 어디에도 보이지 않는다. 그러면서도 **내 편은 절대 믿을 수 없고 적의 편은 조금이나마 믿을 수 있다고 외치는 이상한 세상**이 되어간다. '나만이즘'에 빠져 다른 사람은 잘되면 안 되고 나 혼자서만 잘 살아야겠다는 사람, '내편이즘'에 몰입되어 내 편만 성공하면 된다는 오만불손한 사람들을 보면서 '허들링'의 지혜를 다시 한 번 생각해본다.

8
번개에 길을 찾고 회초리에 정신을 차리다

번개가 번쩍하는 순간 번갯불의 온도는 섭씨 6천 도가 넘는 태양의 외부 온도보다 훨씬 더 뜨거운 2만 7천도 가량이고, 전압은 10억 볼트, 전류는 수만 암페어에 이른다고 한다. 이런 번갯불에 콩을 볶으면 어찌 될까? 맑은 하늘에 날벼락이 내리치면 무슨 일이 생길까? 천둥은 번개를 내리쳐서 위엄을 보여주는가? 물고기는 지느러미로 물살 흔들어서 힘이 세다는 것을 보여주는가? 사람들은 따끔한 회초리를 맞아야만 정신을 차리는가? 정치인들은 국민들이 잘하라고 호통을 치면 귀가 점점 멀어지는가? 어머니의 회초리에 정신이 번쩍 들었던 어린 시절을 떠올리면서 길을 밝혀주는 번갯불을 만나 이제 어디로 가야 하는지 물어보고 싶다.

태양은 검은 구름이 가려도 따뜻함이 사라지지 않는다. 달은 하얀 안개에 묻힌다고 다정한 빛이 지워지지 않는다. 올곧은 소나무는 울긋불긋 단풍잎이 춤춘다고 푸른 절개가 꺾이지 않는다. 지혜로운 사람은 난세라 하여 혜안慧眼을 잃지 않는다. 국민들이 불평불만을 드러내지 않는다고 그들이 모두 만족하고 행복해하는 것은 아니다. 다만 그것들을 보려 하지 않고 들으려 하지 않고 느끼려 하지 않기 때문에 결코 볼 수 없고 들을 수 없고 느낄 수 없는 것이다. 어둠으로 달빛을 가리려 하면 달빛만 더욱더 빛나는 것 아니겠는가?

필자는 어렸을 적 도시에 있는 학교에 다니기 위해 자취를 했었다. 장마철에 집안에 아주 위급한 일이 생겨 차편도 끊기고 인적도 끊어진 오밤중에 시골 고향 집을 다녀온 적이 있었다. 좁은 시골길을 어두움과 길동무하며 걸어갔었다. 길옆 풀밭에서 바스락거리는 소리가 올라오면 온몸의 털들은 고슴도치같이 삐죽 솟고 덜컹거리는 심장은 그대로 멈추어 버릴 것만 같았다. 그 흔한 반딧불조차 사나흘 길게 내린 빗줄기를 피해 모두 숨어버렸기에 초긴장 상태로 조심조심 길을 더듬어 앞으로 나아갔었다. 아뿔싸! 항상 다니던 길이 불어난 강물에 잠기어 전혀 보이지 않았다. 길이 끊겨버렸으니 어떻게 해야 하나, 되돌아갈까 잠시 망설이고 있는데 갑자기 천둥이 울고 번갯불이 하늘을 쩍 갈랐다. 오싹하게 소름이 돋고 바싹하게 오금이 저려 발걸음을 뗄 수가 없었다. 조금만 더 가면 되는데 이를 어쩌나 하는 아쉬움이 밀려오고 두려움에 벌벌 떨고 있었는데 이때 다시 한번 번개가 쳤다. 그 순간 산등성이 밑으로 걸어갈 만한 길이 보였다. 덕분에 번득이는 안도감이 밀려왔었다. 지금까지 살아오면서 다른 사람들에게 미운 짓 안 했으니 무슨 안 좋은 일이야 생기겠느냐 하는 믿음으로 그 산등성이 길에 올라탔다.

눈을 감고 그 길을 가늠해보면서 한발 두발 걸었다. 시간이 지나면서 강물 수위가 낮아지고 전에 다녔던 익숙한 길이 조금씩 보이기 시작했다. 천둥소리에 용기를 내고 번갯불에 정신을 차려 무사히 고향 집에 도착했었다. 어머니의 정성이 가득 담긴 회초리에 짜릿한 깨달음을 얻는 것처럼 번개가 치니 문득 길이 보였다. 이는 회초리의 아픔이나 번갯불의 두려움이 아닌 따끈한 가르침과 번쩍이는 빛으로 나의 앞길을 열어주는 길잡이였음을 깨달았다.

'나도 그 생각을 했었는데', '나도 그렇게 생각했었는데'하고 말하는 사람은 결국 아무것도 해내지 못한다. 그것을 생각하고 곧바로 실행한 사람은 그래도 무언가를 이루어낸다. 천둥이 울고 번개가 칠 때 그 두려움에 주저앉고 포기해버린다면 아무것도 해내지 못할 것이다. 회초리의 아픔만 생각하고 깨달음을 실천하지 않는다면 결과는 빈손일 뿐이다. 국민들의 꾸지람을 한 갓 잔소리로 치부해 버린다면 아무런 발전이 없을 것이다. 성공과 실패의 분기점은 바로 인정과 실행이 있고 없음으로 나뉜다. **번개가 치면 길을 찾고, 천둥이 울면 귀를 뚫고, 우박이 쏟아지면 때를 씻는 용기를 내어보자.** 번개가 칠 때마다 한 걸음씩 나아가는 지혜를, 회초리를 맞을 때마다 한 가닥 깨달음을 얻고 실천해보자. 꿈을 꾸기 위해 사는 것이 아니라 꿈을 실현하기 위해 사는 것 아닌가? 절망 속에서도 희망을 찾을 수 있다고, 고구마를 맛있는 회로도 먹을 수 있다고 관점을 바꾸어 본다면 우리들이 바라는 그런 고운 날은 곧 찾아올 것이다.

9
화이부동和而不同과 동이불화同而不和

사람을 사귀거나 모임에 참가할 때 깨끗하고 맑은 향기가 넘쳐흐르는 **지란지교**芝蘭之交를 갈망하는가 아니면 거짓이 많고 신의가 없고 탐욕으로만 맺어진 **오집지교**烏集之交를 꿈꾸는가? 만나면 화기애애하고 시간이 지날수록 미소가 스며 나는 기분 좋은 모임이 있다. 반면에 모이기만 하면 불평불만과 비난이 난무하여 소중한 것을 잃은 듯 기분 나쁜 만남도 있다. 이는 내 마음이 어디에 있는가에 따라 달라진다. 명절이나 특별한 기념일에는 평소에 만나지 못했던 가족이나 지인들을 만나게 된다. 넉넉하고 편안하게 안부를 묻는 마음과 수탉이 새벽을 깨우듯 웃음소리가 담장을 넘는 만남이 되려면 어찌해야 할까? 어울림을 아름답게 하려면 무엇을 해야 할까?

화이부동과 동이불화라는 단어에서 그 해답을 찾아볼 수 있을 것이다. 화이부동은 논어論語 〈자로子路〉 편에서, '군자는 화합하지만 자기의 생각이나 주장을 굽히면서까지 남의 의견에 동조하지는 않고, 소인은 이익을 위해서라면 남의 의견에 동조하고 무리를 짓지만 화합하지는 않는다君子和而不同 小人同而不和'라고 한 데서 유래한다. 화이부동과 동이불화는 和와 同의 한 글자만의 차이지만 속뜻은 크게 다르다. 다른 사람의 의견을 포용하고 존중하고 배려하고 화합하는 화이부동의 모임은 호흡과 장단을 맞추고 조화를 이루려 하며 공정한 경쟁을 한다. 분별없이 동조하고 이익을 좇고 반대편을 무시하고 편 가르기에 몰입하는 동이불화의 단체는 다른 사람의 비위를 맞추고 피 튀기는 정쟁에만 몰두한다.

'좌전左傳'에서 '화和란 비유하자면 국이 물, 불, 간장, 소금, 식초, 생선이나 고기 등이 조화를 이루는 것과 같다. 동同은 물에 물을 더하거나 거문고의 현이 똑같은 소리만을 연주하는 것 같아 건설적이지도 생산적이지도 않다'고 설명했다.

다른 사람과 생각을 같이하지는 않지만 이들과 화목할 수 있는 군자의 마음과 밖으로는 같은 생각을 지닌 것처럼 보이나 속으로는 화목하지 못하는 소인의 태도에도 이렇게 큰 차이가 난다. **화는 나와 다른 것을 존중하고 배려하는 것이고 동은 흡수해서 내 편으로만 만들려고 한다.** 부정 속에서 긍정할 것이 있으면 긍정을 찾아 옳지 않은 부정을 바로잡고, 긍정 속에서 부정할 것이 있으면 부정을 가려내어 긍정을 완전하게 만드는 것이야말로 조화를 이루며 아름답게 살아가는 어울림일 것이다. 오직 나만을 위한 게으르고 배부른 생각은 다른 사람의 텅 빈 마음을 부른다.

같은 말을 하면서도 '내 편 사람이 하면 항상 옳고, 네 편 사람이 하면 무조건 틀리다'라고 하면 우리 편은 어디에 있는가? 누가 참다운 우리 편인가? 빨갛게 잘 익은 대추 하나를 놓고 내 편은 익었다 하고 네 편은 안 익었다고 주장하면 잘 익은 대추는 서글프다. 맛있는 사과를 반으로 쪼개 놓고 내 편이 먹으면 맛있고 네 편이 먹으면 맛이 없다고 우기면 맛있는 사과는 설 자리가 없다. 똑같은 대추나 사과를 놓고 어느 편이냐에 따라 그 평가가 극단으로 갈린다. 입맛도 편에 따라 달라지는 묘한 시절이다.

옳은 것은 옳고 그른 것은 그르다고 말할 수 있는 사람들이 많아야 건강한 사회가 유지될 수 있다. 그럼에도 불구하고 편 가르기에 몰입되어 맛이 있어도 맛이 있다고 말을 못 하니 말 못하는 대추와 사과는 답답하기 그지없다. 참 맛을 잃어만 간다. 하늘에 떠 있는 별들이 낮에 뜨면 벌이 되고 밤에 뜨면 별이 된다고 우기지는 않을까? 서녘 하늘에 걸쳐 있는 초승달은 볼품없는 너의 손톱 조각이라 하고 동녘 하늘에 떠 있는 보름달은 나만 비추는 달이라 억지를 부리지는 않을까? 길이 아닌 길을 가려 하고 국민들을 배고픈 적으로 만들고 있는 저 오집지교의 무리들은 과연 누구 편일까? 아름다운 별이 보름달에 가려졌다고 생뚱맞은 안부를 묻고, 둥근 보름달이 네 맘에도 떠 있느냐고 낯간지러운 전화를 걸어보자. **차가운 타인의 평가로 나의 뱃속을 채우기보다 따뜻한 나의 시선으로 타인의 마음을 녹여보면 어떨까?**

10
꼼수는 외통수를 부른다!

코로나19로 외출이 줄고 집 안에 있는 시간이 늘어나다 보니 바둑, 장기, 오목 등의 온라인 게임을 자주 하게 된다. 바둑을 두면서 인생살이에 필요한 지혜를 깨닫는 경우가 참 많다. 몇 수 앞을 내다보면 천리안을 가졌느니 혜안을 가졌느니 하지만 정수는 결국 정석과 원칙, 상식과 순리의 범주 안에 있다는 것을 알 수 있다. 꼼수(쩨쩨한 방법이나 수단을 동원하는 비정상적인 수)를 통해 몇 번 재미를 본 사람은 꼼수가 정수 인양 매번 꼼수를 두려고 한다. 하지만 꼼수는 정수가 아니라서 꼬리가 길면 잡히거나 밟힌다. 어쩌다가 한두 번은 시도해 볼 수 있겠지만 그 꼼수를 되치기할 수 있는 상대를 만나게 되면 곧바로 외통수(Checkmate, 체스나 장기에서 여러 가지의 장군 중 절대로 피할 수 없는 형태의 수)에 걸리고 만다. 잘난 정치인이 삼척동자(아는 척, 있는 척, 잘난 척하는 사람)를 한 번쯤은 속일 수 있을지라도 대다수의 국민들을 매번 속일 수는 없다. 바둑돌들이 모두 연결되어 있으면 웬만해서는 죽지 않고 결코 질 수도 없다. 연결을 해야 하는 요석과 버림 돌로 이용되는 폐석도 있지만 **살아있는 돌을 함부로 버리면 남은 돌들이 위험해진다.** 사람들도 든든한 연결고리가 오랫동안 끊어지지 않기를 바란다. 연결되어 있어야 살아있다고 느끼는 것은 하나이면서 다수이기 때문이다. 그러므로 대중을 상대로 꼼수를 부리면 결코 이길 수 없다. 통통하게 살이 오른 초가을 미꾸라지들이 물길 따라 웅덩이 속으로 모여들 듯 수만 가지의 빅데이터Big Data를 끌어모으고, 빨랫줄에 나란히 앉아 있는 대중들의 뇌를 컴퓨터로 연결하는 인공지능AI의 발달로 인간 혼자서는 결코 이길 수 없음을 알파고의 출현으로 증명되었다. 외발자전거를 타는 것보다 두발자전거가 더 편하고 두발자전거보다 세발자전거가 더 안정감이 있는 것처럼 다수가 모여서 하는 행동은 무게감이 남다르다. 그들의 행동은 원칙이 되고 정의가 되며 그들의 생각은 곧 정답이 된다. **대중이 모이면 모르는 것이 없다. 대중은 구만리 밖 기상천외의 수도 내다볼 수 있는 최고의 고수인 것이다.**

달리기하다 스텝이 꼬이면 넘어진다. 요리하는 순서가 뒤바뀌면 맛깔스런 음식도 제맛을 느끼지 못하게 된다. 수순手順이 바뀌면 사활死活이 걸린 곳이나 정석을 펼치는 과정, 수상전 등에서 낭패를 볼 수 있다. 동일한 형태에서도 수순의 잘잘못에 따라 묘수가 되고 악수가 되기도 한다. 성급한 탐욕으로 상대를 속이려 하고 더 많은 이득을 취하려 할 때 정수가 아닌 꼼수를 찾는다. 그러면서 그 꼼수에 상대가 속아 넘어가기를 바란다. 하지만 그 꼼수로 인하여 종국에는 큰 손해를 당하게 된다.

어울리며 더불어 살아가는 이웃 간에도 정도가 행해지지 않고 원칙과 상식이 무너지면 몰염치한 행위가 늘어나게 된다. 성을 쌓고 남은 돌들을 제자리에 정리해두지 않으면 쓸모가 없게 되고 버리기에도 부담이 되는 것처럼, 피다 만 담배꽁초를 휴지통이 아닌 길가에 툭 던지고 발로 비벼 놓으면 지나가는 사람이 보기에도 흉한 것처럼 꼼수도 그렇다. 선수와 후수를 모른다거나 정수가 아닌 묘수를 두다 보면 자신도 모르게 구렁텅이로 빠져들 수 있다. 어떻게 해서든지 한 번쯤은 꼭 이겨보려고 필살기의 맥점脈點이나 외통수를 찾고 그래도 안 되면 얼토당토않은 꼼수를 찾는다. 기발한 묘수妙手는 때론 자충수(自充手, 스스로 행한 행동이 자신에게 불리한 결과를 가져오게 되는 수)가 되기도 하고 생각지도 못한 묘수(墓隧, 무덤으로 통하는 길)가 될 수도 있다.

상대방을 열받게 하는 얄미운 수를 두다가 상대가 버럭 화를 낸다든가 뒤집기의 수로 반격을 해오면 머쓱해진다. **죽을 곳에 살 꾀가 있듯**, 상대가 죽기 살기로 대들면 이기는 것이 쉽지 않다. 아직 끝나지도 않은 게임에서 다 이겼다고 생각하는 오만방자한 마음과 설마 이 꼼수를 어찌 알아차릴 수 있겠어 하는 상대를 얕보는 마음이 앞서면 결코 이길 수 없다. 그물이 터져 다 잡은 물고기가 도망가면 마음이 허망하고, 덕장이 무너져 잘 마른 황태가 파태가 되면 억장도 함께 무너진다. **정수는 올바른 상식이고 원칙이며 정석은**

튼튼한 그물이고 덕장이다. 거미도 벌레를 잡기 위해서 정석의 거미줄을 친다. 콩나물이 뿌리를 쳐들고 달려드는 폼나는 변칙 수나 뇌를 쥐 나게 하는 번뜩이는 꼼수는 버리자. **나를 낮게, 상대를 낫게 생각하면 삶이 편안하다.**

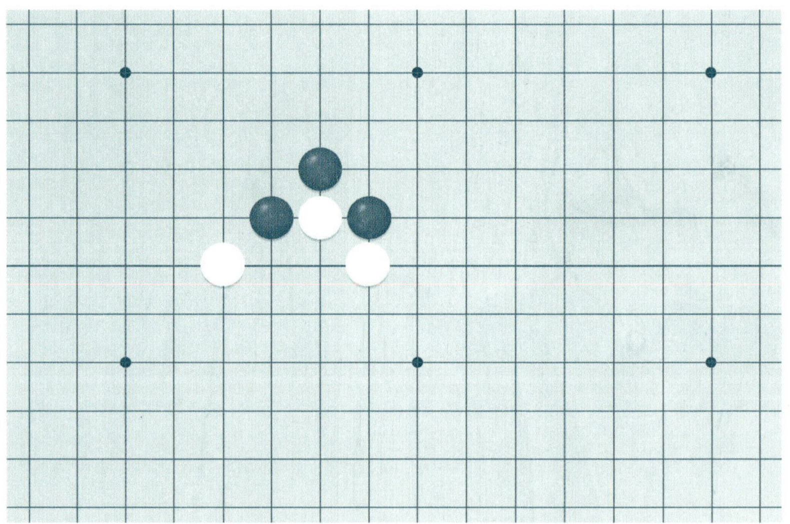

11
쭉정이는 바람을 무서워한다?

가을 들녘에는 농부들의 피와 땀을 먹고 자란 알곡들이 예쁜 모습으로 쌓여만 간다. 바람이 불면 쓰러질까 가뭄이 들면 말라 죽을까 장맛비에 녹아 내릴까 애간장을 태운 그 수많은 시간들이 여문다. 새봄에 똑똑한 씨를 골라 뿌리고 늦가을에 거두어들이기까지 다정한 눈길 주면서 수만 번의 걸음걸이로 논두렁에 큰길을 낸다. 꽃밭 속의 꽃길에는 향기가 나고 잘 익은 낟알에는 농부의 땀 냄새가 스민다. 가을 하늘이 보고 싶은 누님의 얼굴을 닮아갈 때면 곱게 익어가는 가을 햇살이 넉넉한 농부의 마음도 함께 거둔다. 아름다운 꽃 탐스런 과일이 매달린 곳에는 반드시 길이 생긴다. 사람들이 모여들기 때문이다. 바지랑대로 하늘 재기 한다고 주장하면서 잘 익은 감을 살짝살짝 따간다. 은근슬쩍 훑어가고 꺾어가고 캐가는 못된 손찌검은 검불 속의 쭉정이와 무엇이 다를까? 알곡 속으로 어중이떠중이가 모여들면 쭉정이들을 솎아내기 위해 농부의 발걸음도 바빠진다.

20여 개 가량의 쇠꼬챙이를 세운 홀태에 빗질하듯 훑고, 가시가 뿔처럼 붙어 있는 드럼통 같은 탈곡기를 쉼 없이 발로 밟아 돌리며 곡식의 낟알들을 털어낸다. 기다란 작대기 끝에 매단 둥근 판자나 부챗살처럼 살이 많은 갈퀴 모양의 고무래를 이용하여 낟알들을 긁어모은다. 지푸라기도 검불도 쭉정이도 함께 따라온다. 알이 꽉 찬 서리태와 들깨는 도리깨질 한 방에 모두 튀어나온다. 매타작하듯 화풀이하듯 휘두르면 모두 튀어 도망가니 살살 두드려야 한다. 곡식 따위를 담고 까불러서 쭉정이와 검불 등을 제거하는 키로 키질을 하면 쭉정이는 쫓겨 나간다. 알알이 꽉 찬 알갱이 속에 숨고 검불 속에 붙어 있는 속이 텅 빈 쭉정이는 결국 바람에 날린다. 쭉정이는 풍무기의 센 바람을 더욱 싫어한다. 물을 부으면 숨을 곳이 없어 허우적거리다 위로 떠오른다. 한 소쿠리 담아 머리 위로 들어 올려 조금씩 흘리면 검불과 쭉정이도 낟알들과 분리된다. 호가호위하면서 농부의 마음을 거짓으로 훔친 정체가 한 점 바람에 드러날 수밖에 없다.

가마니에 담겨지는 낟알들은 서로 부대끼며 웃지만 쫓겨나는 **쭉정이는 바람에 날리며 서글피 운다.** 거짓의 가면을 쓰고 진짜 얼굴인 양 떡 하니 쳐들고 다니다 민심의 바람이 불어오는 순간 고개를 숙인 척한다. 그러면서 스치는 바람이라 손가락질하며 무시한다. **주머니 속 고무줄 잣대는 자라목처럼 불쑥불쑥 나왔다 들어갔다 한다.** 따뜻하면 늘어나고 차가우면 줄어드는 엿가락들이 내가 재면 원칙이고 법이라 떠들어댄다. 검불 속 쭉정이처럼 토실한 낟알에 기대어 부끄러움을 잃어 간다. 소금에 찌든 자반고등어의 흐릿한 눈으로 똑바로 볼 수 있는 것이 얼마나 있겠는가? 덧칠한 페인트 속에 맨얼굴을 숨기고 사는 위선자들, 진실은 감쪽같이 감추고 페이크(Fake, 운동 경기에서 상대편을 속이기 위한 동작)만이 진실인 양 춤을 춘다. 기름칠한 겉은 번드르르하고 썩어 문드러진 속은 개똥으로 가득 차서 올챙이배를 닮아간다. 값비싼 명품으로 치장하고 '내가 난데' 하면서 허름한 몸뻬바지처럼 으르렁거린다. 쓸 만한 알곡은 없고 쓸데없는 쭉정이만 나불댄다. **쪽팔림은 순간이고 부귀영화는 대물림한다고 으스댄다.** 뻣뻣한 파는 짠 소금에 숨이 죽을 수밖에 없는 것처럼 부끄러움이 철면피와 놀아나니 파렴치한이 되어 간다. 떠난 부끄러움이 철면피로 돌아오니 민낯으로 살아가는 사람들은 부끄러워서 고개를 들 수가 없다.

철면피(鐵面皮, 쇠처럼 두꺼운 낯가죽이란 뜻으로, 뻔뻔스럽고 염치없는 사람), **파렴치한**(破廉恥漢, 체면이나 부끄러움을 모르는 뻔뻔한 사람), **불한당**(不汗黨, 남을 괴롭히거나 재물을 마구 빼앗는 것을 일삼는 파렴치한 사람들의 무리)이라는 단어가 머릿속에서 사라지면 좋겠다.

검불 같은 싸구려 입들의 합창인가? 쭉정이 같은 한없이 가벼운 말들이 여기저기 나뒹군다. 부침개는 타지 않도록 뒤집어야 맛이 있지만, **하는 행동과 내뱉는 말이 어제와 오늘이 다르다면 어찌 올바른 내일을 기대할 수 있을까?** 싸구려 입으로 떠드는 뜻 없는 소리는 여기저기 늘어나지만 감동을 주는 진실한 말은 점점 사라져간다. 파전에 파가 사라지면 파전이라 할 수 있을까? 일은 하지 않고 꾀만 피우고 잔머리만 써서 자기만 편하려 하는 쭉정이 같은 무리들, 너는 **'얼마짜리' 인생인가**? 라고 물으면 어찌 대답할꼬! 쌀을 쪄서 밥을 지어야지 쭉정이를 쪄서 밥을 지을 수야 없지 않겠는가?

12
초핵킹울트라왕짱???

요즘 유행하는 말을 들여다보면 ㄱ ㄷ ㅂ ㅅ ㅈ 의 발음이 ㄲ ㄸ ㅃ ㅆ ㅉ 으로 점점 더 센 발음이 많아지고 있다. 감監 깜, 강强 깡, 기氣 끼, 생生 쌩, 장長 짱, 전錢 쩐, 진眞 찐 등등. 된소리는 센 발음을 동반하니 예사소리보다 더 강하고 단단한 느낌을 준다. 센 말을 하면 잘난 사람 우월한 사람이 된다고 생각하는 듯하다. 된소리를 하면 정말 힘이 센 사람이 되는 걸까?

아주 짧은 단어조차도 줄임을 하여 발음도 어색하고 느낌도 이상하고 뜻도 엉뚱하게 바꾸어 놓는다. 국적이 애매모호한 단어를 혼용하고 조합하기도 하며 접두사나 접미사를 붙여서 그 뜻을 강조하거나 그들만이 이해할 수 있는 단어를 만들어내기도 한다. 끼리끼리만 알아들을 수 있는 유행어를 순식간에 만들어낸다. 센 말을 해야 센 사람이고 줄임 말을 잘 이해해야 신세대에 끼일 수 있는가 보다. 모든 사람이 이해할 수 있는 순수한 우리말은 밋밋해서 자꾸 무언가를 덧대려 하는가? 요즘에는 어떻게든지 자신의 감정을 더 강하게 표현하고자 더욱 더 센 말을 찾는다. 보다 더 강렬한 인상을 남기려 하는 것일까 아니면 내가 너보다 더 센 사람이라는 것을 은연중에 과시하려는 것일까? 무시당하는 것이 싫어서 절대로 밀리지 않겠다는 약한 마음을 숨긴 체 선제공격을 하는 것은 아닐까? 끝판 세상에서는 끝까지 살아남는 자가 찐짱이라 주장한다.

생존경쟁이 심해지니 너도나도 살아남기 위해 더 센 깡다구로 견뎌내고 있는 것은 아닌가? 몇 가지 단어를 예로 들어본다. 갑툭튀, 개고생, 개이득, 뇌피셜, 라방, 마통, 문빵, 빼박캔트, 쌉가능, 존맛탱, 줌공, 짱이다, 쩐다, 초격차, 핵노잼, 힙하다 등등. 처음 듣다 보면 무슨 뜻인지 전혀 알 수 없다. 이것은 뭥미? 마치 비밀정보요원들이 사용하는 비문秘文 같은 느낌이 든다. 온전한 우리말이 영혼마저 떠나면 어찌할꼬. **단어가 가지고 있는 본래의 뜻이 어지럽게 덧대어지고 쪼개지면 아싸들만의 암호 놀이에 멈출 것이다.**

몇 년 전까지만 해도 외국에 있는 바이어에게 통신문을 보내고자 할 때는 텔렉스와 팩스를 주로 이용했었다. 글자 수를 줄이기 위해 서로 약속된 축약어를 사용했다. 자수를 줄이면 용지도 줄고 타이핑 하는 시간도 줄고 비용도 절약되니 일석삼조였다. 요즘에는 인터넷이 발달하여 전 세계 어디든지 손쉽게 접속하고 대화를 나눌 수 있다. SNS를 통한 의사소통도 시간 제약 없이 가능하다. 더구나 화상통화도 쉽게 할 수 있다. 그럼에도 불구하고 이방인들의 단어가 유행한다. 인싸들이 하는 말이 공중파를 타거나 SNS에

퍼지면 그를 좋아하는 인싸들은 우르르 몰려다니며 그 말을 순식간에 유행어로 만들어낸다. 말투까지도 그대로 흉내를 낸다. 통하는 사람들끼리는 뭉침도 재빠르다.

세상이 이렇다 보니 우리들이 사용하는 말이나 단어들이 본래 가지고 있던 뜻이 갈라지고 또 다른 모습으로 태어나고 있다. 쉰 세대는 신세대를 결코 이해할 수도 따라갈 수도 없을 정도다. 같은 말을 하고 있지만 뜻이 달라 의사소통이 꽤 어렵다. **나는 할 말 다 했는데 못 알아듣는 네가 바보라고 외친다.** 층간 소음에 찌든 위층 사람과 아래층 사람이 내뱉는 다툼의 말을 들어 보았는가? 다 큰 어른과 갓 태어난 아이 사이에서 웅얼거리는 말을 걸고 있는가? 비싸게 팔아야 하는 사람과 싸게 사고 싶은 사람들이 하는 흥정의 말은 어떠한가? **시어머니와 며느리가 서로 서운하다고 하는 미운 말을 엿듣고 있는 느낌이다. 같은 말이지만 마음은 다른 세상에 있다.**

말이 세지고 된소리가 늘어나고 덧대거나 줄임 말이 유행하는 현상을 어찌 바라보아야 할까. 온전한 한 문장 한 단어도 지루하게 생각하고 그 짧은 순간마저도 참으려 하지 않는다. 말을 온전히 다 하면 손해를 본다고 생각하는지 말을 쑥딱쑥딱 자른다. 그만큼 기다림은 바쁘다. 손톱에 다양한 인조 손톱을 덧붙이듯 마음 바쁜 사람들은 문자나 기호 이모티콘 등을 사용하여 그들만이 이해할 수 있는 그들만의 놀이문화를 만든다. 다른 이방인들의 접근을 허용하지 않으려 한다. 인싸가 큰소리치면 아싸는 설 데가 없고 그럴싸는 침묵으로 일관한다. 인싸가 아싸를 무시하니 그럴싸인 척할 수밖에 없다. 따뜻한 봄이 오면 인싸와 아싸들 사이에 **공감과 공명**共鳴의 징검다리를 놓을 수 있을까? 마음이 멈춘 곳에서 고사리손으로 마음의 길 말의 길을 이어보고 싶다.

*인싸 : Insider의 준말, 잘 어울리면서 모임에서 중심 역할을 하는 사람.
*아싸 : Outsider의 준말, 잘 어울리지 못하고 모임에서 겉도는 사람.
*그럴싸 : 인싸도 아싸도 아닌 그 중간에 속한 사람.

13
맛있는 말, 가시는 빼라!

주말에 모처럼 KTX를 타고 고향 나들이를 했다. 주말이라 그런지 허용된 좌석은 만석이었다. 제 옆자리로 중년 여성들이 앉아 담소를 나누고 있었다. 좁은 공간이라 그 사람들이 하는 말이 그대로 내 귀에 들어왔다. 그때 들었던 말이 생각나서 몇 마디 옮겨보려 한다.

- 첫 번째 이야기 : '내 남자친구는 휴일이면 바이크Bike를 재미나게 탄다'라고 하니 그 말을 듣고 옆에 있던 사람이 '엊그제 친구 시아버지가 바이크 타다 사고가 났는데 그 자리에서 즉사하셨어. 그래서 조문 다녀왔어'라고 한다. 바이크라는 말을 꺼낸 사람의 안색이 급하게 흐려졌다.
- 두 번째 이야기 : '내 친구가 최근 전기자동차를 샀다'라고 자랑을 하자 곧바로 '전기자동차는 사고가 나면 문이 안 열리는가 봐, 자동차에 불이 났는데 문이 열리지 않아서 내 친구 남

편은 결국 불에 타 죽었어'라고 말한다. 웃으며 자랑하던 그 사람의 얼굴이 점점 우거지상으로 바뀐다.

- 세 번째 이야기 : "얼굴이 까칠해서 비싼 화장품을 사주었더니 '이 화장품은 어떻게 처바르면 되는가요'라고 물었다는 것이다. 그래서 '처바르든지 퍼먹든지 네 맘대로 하렴, 비싼 돈 주고 사주었더니, 싸구려 소리만 하고 자빠졌네'라고 한 소리 했으나 기분이 참 더럽더라"라고 한다.

오색찬란한 비빔밥을 맛있게 먹으려면 왼손으로 깨 뿌리고 오른손으로 나물 넣고 이리 비비고 저리 굴려서 이렇게 처먹고 저렇게 퍼먹어야 한다고 누가 가르쳤단 말인가? 고소한 참기름은 처먹어야 제맛이고 비벼 놓은 비빔밥은 퍼먹어야 제맛인가?

무심코 내뱉은 말, 지닌 뜻은 하나여서 머리로는 이해가 되는데 가슴으로는 동의가 안 된다. 그러면서 마음이 점점 멀어진다. 몸은 가까워지려 하지만 가슴이 멀어지려 하니 같은 극의 자석이 서로 밀어내는 것과 다를 바 없다. 지역에 따라 똑같은 표현이지만 내포하고 있는 뜻이 전혀 다를 수 있다. 그래서 좋은 뜻으로 말했는데 상대가 나쁜 뜻으로 받아들여 참 난감할 때도 있다. 표준어와 비슷한 말을 하면서 이상한 어감의 접두어가 붙으면 마음이 헷갈리기 시작한다. 뜻은 분명 입안의 혀처럼 자유롭다지만 **마음에는 모래를 씹는 듯한 오해가 쌓여 간다.**

'바이크를 타면 즐겁지. 하지만 자전거보다 위험한 듯하니 조심조심 타라고 하세요'. '요즘 전기자동차 구매하기 쉽지 않다고 하던데

조상님 덕이 있었나 보네'라고 말했다면 듣는 친구의 마음이 멀어질 리 없다. 그 친구의 즐거운 상상을 잘게 부스고 조그마한 우월감을 매몰차게 뭉개면 내 기분은 좋아지는가? 마치 그런 사고가 나기를 바라는 것처럼 입이 즐겁다는 핑계로 사정없이 쏟아내면 누가 그 사람 곁에 머물고자 하겠는가? 충고한다면서 친구의 아픈 곳을 콕콕 찌르고, 위로의 말을 한다고 하면서 상처 난 곳에 왕소금 뿌리고, 바른 말이라 하는데 듣고 나면 옳은 게 하나도 없다면 누가 그를 참다운 친구라 생각하겠는가?

말은 머리가 아닌 가슴을 통하여 입 밖으로 나올 때 비로소 상대가 편하게 받아들일 수 있게 된다. 'ㄱ=ㄴ'이라는 정의가 있지만, 살다 보면 'ㄱ=ㄴ'이 아닌 'ㄷ'이 될 수도 있다. 이는 상대방의 마음이 'ㄷ'을 기다리고 있으면 'ㄷ'이 정답이 될 수도 있다는 말이다.

요즘 상대편에게는 분노를 일으키게 하면서 내 편이 환호를 하면 무조건 맞는 거라고 우기는 경우가 많다. 국민의 분노를 사치스럽게 즐기는 정치인도 늘고 있다. 함께 살면서 서로 잘되기를 원한다 떠들지만 서로 헐뜯고 못 잡아먹어서 안달하는 무리로 변해간다. 국민을 분노케 하는 못된 말버릇이 진이 배기고 습관이 되어버린 듯하다. '나'가 '이런' 뜻으로 말을 했으니 '너'도 당연히 이런 뜻으로 이해해야 한다고 윽박지른다. '국민'은 '그런' 뜻으로 오해를 하고 있는데 말이다.

자리에 맞는 언어가 있다. 또한 시의적절時宜適切한 말이 있다. '경우에 합당한 말은 아로새긴 은쟁반의 금 사과니라'(잠 25:11), '미련한 자의 입술은 다툼을 일으키고 그 입은 매를 자청하느니라. 미련한 자의 입은 그의 멸망이 되고 그 입술은 그 영혼의 그물이 되느니라'(잠 18:6~7), '의인의 입은 생명의 샘이라도 악인의 입은 독을 머금었느니라'(잠 10:11). 성경 말씀을 떠올리면서 **같은 말도 예쁘게, 즐거움을 늘리고 분노를 줄이는 말 습관을 생각해본다.**

14
참을 수 없는 그 유혹들!

나만 쏙 빼놓고 옹기종기 몇몇 사람들이 모여서 자신을 질근질근 씹으며 험담하는 소리가 들리면 온통 귀를 쫑긋 세우고 엿들으려는 마음이 생긴다. 그러면서 자신을 흉보는 녀석에게 곱빼기로 되갚아 주려는 심보가 발동한다. 그래서 그 녀석이 없을 때 다른 사람들에게 그의 치명적인 약점을 알려주려고 입을 더 크게 벌리고 더 과장되게 떠벌리려 한다. 배신자들이 흘려놓은 쓰레기 같은 흠들을 들춰내어 반짝이는 보석으로 둔갑을 시키고 값비싼 물건인 듯 시장의 좌판에 줄레줄레 늘어놓는다. 남들의 흉이나 흠을 잘게 쪼개면 보이지 않고 바람이 불면 날아갈 일인데 자꾸만 암 덩어리 키우듯 이리 굴리고 저리 돌려서 돌이킬 수 없는 수모를 안기려 한다. 권력과 힘은 대중에게 나누어지고 쪼개져야 좋고 민심과 덕은 이웃에게 합쳐지고 베풀어지면 좋은 것이라 하는 데 남들의 약점을 더 크게 떠벌리고 더 많이 까발리기에 열심이다. 힘이 약하거나 허점을 보이는 사람을 무자비하게 무시하고 짓뭉개기에 너도나도 앞장선다. **희망을 보면 키우고 솟아나게 하고 절망을 보면 누르고 드러눕게 해야 하는데** 정반대로 하려는 유혹이 훨씬 더 강한 가보다. 예쁜 녀석 마음에 들면 떡 하나 더 주고 미운 녀석 마음에 들지 않으면 빰 한 대 더 때려주고 싶은 마음이야 사람이니 어찌 피할 수 있겠는가? 거부하기 힘들고 거절하기 어려운 그 참을 수 없는 유혹들에 너무나도 가볍게 빠져든다.

항상 이기는 팀과 한 편이 되고 싶다. 천근만근 무거워진 몸을 푹신한 침대에 누이고 싶다. 계단으로 올라가려 하다가도 1층에서 엘리베이터가 기다리고 있을 때는 순간의 망설임도 없이 엘리베이터를 탄다. 걸어가다가 집으로 가는 버스가 눈앞에 멈추어 서면 이게 웬 떡이냐 하면서 주저 없이 올라탄다. 어지간히 늦은 퇴근길에 빵굼터에서 들려오는 배고픈 냄새가 코를 찌를 때 어쩔 수 없이 군침을 흘리며 빵을 챙긴다. 아는 것이 차고 넘치는데 남들이 잘 모른다고 판단되면 큰 소리로 아는 체하고 싶어 입이 근질거려 못 참는다. 싸구려 입으로 싸구려 품격을 숨김없이 드러낸다.

골키퍼가 버젓이 서 있는 데도 골문이 보인다고 우기며 슈팅을 제멋대로 한다. 그 옆에서 공을 기다리는 동료선수는 전혀 보지 않는다. 그렇고 나서 골키퍼 보고 큰소리를 친다. 왜 그 골을 막았느냐고! 길이 있으면 끝까지 가보고 싶고 향기 나는 사람과는 오래도록 함께하고 싶은 것은 인지상정이다. 심한 스트레스는 폭음을 부르고 적당한 배고픔은 폭식을 부른다. 주식계좌에서 예수금이 남아 있으면 주식을 사려하고, 남들이 대박을 터뜨렸다 하면 그 종목을 사려고 불나방처럼 달려든다. 완장을 차면 아무에게나 뽐내며 휘두르고 싶어 한다. 불리한 증거는 게 눈 감추듯, 번갯불에 콩 볶듯 잽싸게 빼돌린다. **박이후구**(薄耳厚口, 귀가 얇아져 남의 말 듣기 싫어하고 내 말만 쏟아내는 것)에 길들여지고 있다.

무병장수의 불로초를 발견한다면 나도 몰래 손이 나갈 것이다. 남들에게 피해를 주지 않으면 그런 유혹에 넘어간다고 누가 뭐라 나무랄 것이 없다. 욕망과 선善이 결합하면 희망의 싹이 움트지만, 욕망과 악惡이 분별없이 야합하면 탈이 날 수밖에 없을 것이다. 내 욕심을 채우기 위해 급기야 다른 사람의 욕망을 짓밟는다. 탐욕의 골짜기로 거침없이 뛰어내리는 행동은 언젠가는 큰 대가를 치러야 하고 상처도 깊어진다. **욕심이 많으면 그만큼 잃는 것도 많아지는 것**은 세상 불변의 이치다.

개구리가 되면 올챙이 시절에 했던 말들은 모두 잊어야 한다. 어제 했던 말은 오늘이 되면 잊어야 하고 내일이 되면 그 뜻을 정반대로 해석해야 한다. 세상이 변하는 속도가 빠르다고 하지만 나랏말 사전에 기록한 뜻이 잉크가 채 마르기도 전에 또 다른 뜻을 얹어야 하는가 보다. 청개구리가 날뛰니 남들을 속이고 얕보려는 습성이 참지 못하고 여기저기 도지고 있다. 얼굴이 빨개지도록 거짓말을 서슴없이 내질러놓고 남들에게 뒤집어씌우는 못된 버릇은 가르치지 않아도 너무나 빨리 배운다. 마크 트웨인은 『톰 소여의 모험』에서 '인간은 얼굴을 붉히는 유일한 동물이다.'라고 말했다. 참으면 재미가 없고 저지르면 흥분이 몰려오니 참을 수 없는 그 유혹의 늪으로 계속 빠져든다. 습관이 주는 편안함의 유혹을 참아내지 못하고 그 친절한 익숙함에 빠져든다. 인색함은 낙엽처럼 쌓이고 관대함은 뱃고동을 울리며 떠나가고 있다.

15
뭐라고? 아무거나?

점심시간이 되어 식사 메뉴를 정하는 당번이 오늘은 뭐 먹을까 하면 대부분 '아무거나'라고 대답을 한다. 그럼 이걸 먹어볼까 하고 물으면 이것은 맛이 없더라, 그럼 그것은 어때요. 하면, 그것은 내 친구가 별로라 하던데, 그럼 저것은 어때요. 하면, 글쎄 맛이 있을까 하면서 어깃장을 놓는다. 그리고 '아무거나'를 주문하면, 왜 '아무거나'를 주문하냐 하면서 퇴짜를 놓는다. **먹고 싶은 것을 물으면 '아무거나'라고 대답하고, '아무거나'를 시키면 왜 퇴짜를 놓을까?** 그 고약한 심보가 참 궁금하다. '아무거나'라고 말하는 사람은 다른 사람들에게 자신을 무시하거나 막 대해도 좋다고 광고하는 것이며, 다른 사람들을 전혀 배려할 줄 모르는 지극히 이기적인 사람이라 외치고 다니는 것과 같다. 이런 사람은 무시당해도 싸다. 그런데 무시하라 해서 무시하면 화를 벌컥 내는 사람들이 많다. 그 사람들의 속내는 더 궁금하다.

무언가를 결정하려면 후회하지 않을 용기가 필요하다. 사람들은 하루에도 2만여 가지 이상을 선택하거나 결정을 해야 한다고 한다. 날마다 선택의 연속인 것이며, 매 순간의 선택이나 결정이 쌓여서 자신의 인생이 되는 것이다. 사회가 복잡하고 구성원도 다양하니 선택과정도 다양하고 복잡해졌다. 어느 방향으로 가는 게 좋을지 몰라 침을 뱉고 침이 튕겨 나가는 방향을 선택했던 어린 시절의 기억이 생생하다. 자신의 선택이나 결정이 후회를 가져올까 두려워 생뚱맞은 방법으로 결정하고 이를 따른 경우라 생각한다. 그만큼 **후회하지 않을 결정을 한다는 것은 어려운 일**이라 할 수 있다. 요즘처럼 선택이나 결정을 하는 데 어려움을 느끼는 사람들에게는 간단한 선택지를 함께 제시해주면 좋겠다는 생각이다. 그러면 서로 의사소통이 원활해지고 오해의 소지도 줄어들게 될 것이다. 알고 있는 상식과 머릿속의 지식을 어떻게 재조합하고 활용하느냐에 따라 세상을 살아가는 지혜의 폭도 다르게 나타날 것이다. 몇 개의 선택지를 보면, '아무거나'라고 말하는 사람은 줄어들 것이다. 선택의 폭이 줄어들면 결정에 대한 실패나 후회할 가능성도 그만큼 줄어들기 때문에 조금이나마 더 편한 마음으로 선택할 수 있을 것이다.

똑같은 양의 건초더미를 앞에 두고 어느 쪽에 있는 것을 먹을까 고민하다 결국 아무것도 먹지 못하고 굶어주었다는 '뷔리당의 당나귀' 이야기를 들어보았을 것이다. 아쉬움이나 미련이 남지 않을 선택은 정말 어려운 것이다. 이렇게 어려운 결정을 자신이 직접 하지 않고 왜 다른 사람에게 의지하려 하는가? 다른 사람도 무언가를 결정하려면 자신의 소중한 시간을 사용해야 한다. '아무거나'라고 말하면서 중요한 결정을 다른 사람에게 미루는 것은 결국 다른 사람의 시간을 빼앗는 좋지 않은 말버릇이다. 좋아하는 것이 있으면 좋아한다고, 먹고 싶은 것이 있으면 먹고 싶다고 말해야 한다. 그렇지 않고 '아무거나' 하면 아무도 알아주지 않는다. '아무거나'가 아닌 자신이 정말로 좋아하고 원하는 것을 말해야 자신이 원하는 것을 먹을 수 있고 또한 얻을 수도 있다. '아무거나'는 아무 데도 쓸모없는 말일 뿐이다.

다른 사람들에게 자신의 미래를 결정하도록 맡겨 버린다면 자신의 인생은 누가 살고 있는 것일까? 결정하는 것을 다른 사람에게 의지하는 습관이 몸에 배어 버린다면 나는 과연 누구의 인생을 사는 것일까? 자신이 좋아하는 것조차 다른 사람에게 모두 맡기고 의지한다면 내 인생의 참 주인은 누구일까? 햄릿증후군은 병이 아니라 다만 오랜 기간 몸에 밴 습관일 뿐이라고 한다. 당신은 장차 무엇을 하고 싶은가 하고 물으면 '아무거나'라고 대답할 것인가? 손주 이름을 지어야 하는데 '아무거나'라고 지을 것인가? 고객을 만나러 나가야 하는데 '아무거나' 걸치고 싶은가? 사돈댁에 이바지 음식 보내야 하는데 '아무거나' 넣어 보내는가? 진짜 결혼하고 싶은 상대를 고르면서 '아무나'하고 외치고 싶은가요?

제3장

시원한 내 웃음 사세요!

1
너의 미소 한 방에...

내 앞에 앉아 있는 사람이 나를 바라보면서 살짝 미소를 지어준다면 어떤 기분이 들까요? 나를 위해 활짝 웃어준다고 생각하면 나도 몰래 미소가 지어지고 웃는 마음이 생길 것이다. 미소는 나를 바라보는 다른 사람을 위해 지어 보이지만 그 사람이 나의 미소에 따라 더 예쁜 미소로 응답을 해온다. 그 사람의 미소를 보고 내가 더 즐거워하니 미소를 짓는 것은 결국 나를 위한 미소 지음인 것이다. 나의 미소는 다른 사람의 얼굴을 통해서 다시 나에게로 되돌아온다. 그럼에도 불구하고 많은 사람들은 자신을 보고 미소를 지으면 어색해하거나, 별 미친놈이 나에게 작업을 거는 걸까? 아니면 참 실없는 사람이네 하는 생각을 먼저 떠올리게 된다.

어린 아이가 방긋방긋 웃고 있는 모습을 보면 마음이 편안해지고 자신도 모르게 미소를 머금는다. 아이들의 미소에는 무방비 상태로 받아들일 자세가 되어 있는데 어른들의 미소에는 방어 자세를 취하는 이유가 뭘까? 아이들은 자신과 전혀 상관없는 사람들 앞에서도 아무 의도를 지니지 않은 채 그저 웃어준다. 그런데 다 자란 어른들은 왜 웃어주지 못할까? 아이들이 세상에 태어나 맨 처음 마주하는 하얀 마음은 귀여운 얼굴에 고스란히 나타나 있다.

어린 아이는 사람의 첫 모습이다. 동심童心은 사람으로 태어나서 최초로 가지게 되는 첫 마음이다. 시간이 지나면서 점차 다른 색깔로 물이 들어간다. 다른 모습으로 변해간다. 처음에는 환하게 웃던 얼굴이 시간이 지나면서 별똥별이 떨어지는 것처럼 그렇게 반짝거리는 미소가 사라지는 이유는 뭘까? 그림을 그리는 사람들이 검은 마음으로 물들여 놓았기 때문일 것이다.

마시고 있는 커피잔에 겨울을 녹여보자. 오는 봄을 녹이지 말고 차가운 겨울바람을 커피 향으로 녹여보자. 몽당연필에 침을 발라 꾹꾹 눌러 쓴 너의 안부 한 글자, 너의 손 편지에 눈물 한 방울 떨어뜨려 감동으로 물들여 보자. 잘 지내고 있다는 너의 고마운 말 한마디가 오늘따라 왜 이리 고맙게 다가오는지 모르겠다. 누군가의 입가에 미소를 짓게 하는 너는 정녕 봄이란 말인가. 설마 꿈은 아니겠지. 아낌없는 믿음이 겨울을 이겨내는 봄 쑥처럼 희망으로 쑥쑥 솟아오른다. 그 옆에서 돌미나리도 응원한다. 믿음은 바라는 것들의 실상이라 하지만 우리가 바라는 것은 실제로 내 것이 아닌 경우가 더 많다. 다른 사람의 시선, **다른 사람의 기대에 부응하기 위해 나의 바람이 다른 사람의 바람으로 바뀌어 간다.** 나이가 들어감에 따라 세월이 흘러감에 따라 더 다른 모습으로 바뀌어 간다. 동심에서 출발했던 너와 나의 마음이 이제는 하나가 아닌 것을 어쩌랴. 그냥 하나라고 우격다짐으로 밀어붙여 볼까나. 내 생각과 네 생각은 언제나 같아야 한다고?

내 맘속에서 면역력이 떨어져 갈 때 소리 없이 들어온 백신처럼 너는 언제나 믿음직스럽다. 너의 마음이 소리 없이 내 맘에 포개지고 있다. 내 눈이 왜 네 눈동자에 앉아 있는지 무척 궁금하다. 다시 한번 네 눈을 바라본다. 네 맘이 왜 내 맘속에 둥지를 틀고 있는데? 나도 몰래 들어온 너의 마음은 정녕 천사인가 침입자인가. 한평생 떠나지 않을 자신은 있겠지? 그런 너의 미소 한방에 나는 정신 줄을 놓는다.

동전 크기만 한 천 쪼가리를 하나둘 깁고 꿰고 수놓으면 아름다운 책상보가 된다. 바다 위에 떠 있는 섬 같은 배들도 조그마한 철판을 수많은 사람이 용접을 통해 잇대어 놓은 것이다. **너와 나의 마음 조각들을 한 땀 한 땀 이어내면 천상에서 내려온 아름다운 미소 꽃으로 피어나리라 믿는다.**

조금이라도 움직일 수 있다면 고맙다고 외치자. 조금이라도 들을 수 있다면 감사하다고 외치자. 조금이라도 먹을 수 있다면 이 얼마나 행복한가. 행복을 느낄 수 있는 마음이 있다는 것에도 감사하자. 미소 한 송이로 수많은 사람을 환하게 웃을 수 있게 한다면 그 미소의 가치는 무한대다. 웃음 한 방에 모두가 쓰러진다면, 그 웃음의 가치는 상상을 초월한다. 미소를 찾자. 웃음을 지키자. 그리고 동심으로 돌아가자. 성큼 다가오는 봄을 향해 미소 한 방 날려 보내자. 봄이 깜짝 놀라서 까치발로 뛰어오게...

2
너와 내가 함께 걷는 인생길?

가을 하늘이 시리도록 파랗게 익어 갈 때면 도시에 사는 사람들은 아름답게 물든 단풍잎 하나라도 놓칠 새라 이 산 저 산 정신없이 돌아다니지만 농부들은 가을걷이 하느라 눈코 뜰 새 없이 바쁘다. 춘삼월에 정성을 담아 씨를 뿌리고 한여름에 피땀 흘려 가꾼 농작물들을 이 시기에 모두 걷어 들여야 하기 때문이다. 열 달 품어 낳은 자식만큼이나 귀하다. 한 톨 한 알이 진주알만큼 소중한 알갱이들이다. 눈 내리면 얼어버릴까, 비 맞으면 감기 걸릴까, 바람 불면 날아갈까, 때맞추어 수확하지 못할까 안절부절 애를 태운다. 모두들 밥 먹는 시간조차 아까워한다. 쉼 없는 손놀림은 사흘 굶은 사자의 눈동자보다 바쁘고 달음박질하는 발걸음은 번개보다 빠르다. 잘 자란 농작물을 보면 흐뭇하고 뿌듯하지만 마음만은 서두를 수밖에 없다.

누구나 자기 것을 먼저 수확하려 하지만 혼자서는 할 수 없는 일들이기에 동네 사람들이 서로 순번을 정해 일손을 거든다. 이렇게 농사일을 서로 도와주고 도움을 받는 것을 품앗이라 한다. 즉, 품을 지고 갚고 하는 것이다. '울력'은 일손이 모자라는 집에 시기를 놓쳐서는 안 될 급한 농사일이 있을 때 마을 사람들이 품삯이나 노동 대가를 기대하지 않고 도와주는 봉사적 노동 협동을 말한다. '두레'는 공동노동의 형태로 많은 인력이 합심하여 일을 해야 하는 모내기, 김매기, 벼 베기 · 타작 등에 적용되었다. 울력이나 두레는 산업이 진화하고 발전하면서 다소 생소한 단어가 되어가고 있지만 이웃과 공동체를 이루며 살아가는 우리들에게는 소중한 유산이다. 하루 품앗이는 일을 잘하고 못하고를 묻지도 따지지도 않는다. 일의 양이 많고 적음도 따지지 않는다. 단 하루라는 시간을 꼭두새벽부터 밤늦게까지 정성을 쏟아 그 사람의 일을 도와주는 것이다. 운 좋게 일거리가 많지 않으면 빨리 끝나지만 일이 넘치면 그 일이 다 끝날 때까지 도와준다. 이런 식으로 행복한 가을걷이를 마무리한다.

힘든 일을 할 때는 피곤해서 사소한 것에도 짜증이 날 수 있다. 그러나 정성을 담은 **향기로운 말은 사람들에게 시원한 웃음을 전해주고** 일할 맛을 나게 해준다. 말을 맛있게 단맛 나게 하는 사람은 뭐가 달라도 다르다. 그래서 웃음을 선물하는 사람 주위에는 마르지 않는 옹달샘처럼 항상 사람의 왕래가 끊이지 않는다. 서로에게 힘이 되고 의지가 되는 것이다. 내가 힘들다고 짜증 난다고 싫은 말 짜증 나는 말을 내뱉는다면 돌아오는 말도 그와 똑같을 것이다. 하루 일손을 빌리면 하루 일손을 되갚는 품앗이와 같다. 말은 정직하게도 하는 대로 되돌아온다. 악담은 악담을, 무시는 무시를, 칭찬은 칭찬을 부른다. 대접받고 싶고 인정받고 싶다면 상대를 대접하고 인정하면 된다. 나는 하기 싫고 남들은 나에게 반드시 해주기를 바라기 때문에 어려울 뿐이다.

가는 말이 고와야 오는 말이 곱다. 요즘에는 가는 말이 거칠면 오는 말이 곱다고 외치는 사람이 늘고 있다. 그래서 자꾸 거친 말, 찌르는 말, 상처 주는 말을 서슴없이 내뱉는 모양이다. 옳고 그름을 떠나 말의 품격을 자꾸 떨어뜨린다. 자신의 인격을 끝없이 떨어뜨린다. 막말, 빈말, 반말이 춤을 추는 사람, 욕을 밥 먹듯 하는 사람, 웃지 않고 찡그리고 있는 사람이 다가오면 피한다. **꽃은 벌이 다가오면 꽃잎을 열어주는데 사람들은 벌에 쏘일까 겁을 낸다.** 똥이 무서워서 피하는 게 아니라 더러워서 피하는 것과 무엇이 다를까. 험담하는 말은 헐뜯는 자, 듣는 상대방, 헐뜯음 당하는 사람을 한 번에 모두 다치게 한다. 말의 끝은 항상 자신을 정조준하고 있음을 기억하자. 평생토록 듣고 싶은 말이 있다면 상대에게 그 말을 먼저 해보면 어떨까? 내가 그토록 갖고 싶어 하는 귀한 물건을 상대가 가지고 있다면 상대가 그것을 나에게 주고 싶은 마음이 들도록 먼저 정성을 들이면 어떨까? 맛있는 말, 멋있는 마음, 따뜻한 관심, 긍정적인 평판, 원만한 관계 등은 모두 주고받는 품앗이라 할 수 있다. **지워지지 않는 꽃길 인생은 내가 품을 파는 만큼 넓어진다.**

3
시원한 내 웃음 사세요!

요즘같이 폭염 경보가 발령되는 무더운 날씨가 이어지면 이 무더위를 어떻게 견뎌내야 하나 고민이 많아진다. 가만히 있어도 땀이 나고 사소한 일에도 쉽게 짜증을 내기 때문에 다른 사람들에게 가까이 다가가는 것이 다소 불편해진다. 목마름에 지친 사람들이 잠시 쉬어갈 수 있고 그들에게 시원한 냉수 한잔 권하는 아름다운 사회를 만들기 위해서 지금 필요한 것은 시원한 웃음 우산이 아닐까 생각해본다. **각자의 웃음 우산을 모두 이어 놓으면 웃음이 끊이지 않을 것이며, 세상에서 가장 크고 가장 아름답고 가장 시원한 웃음 그늘이 될 것이다.** Umbrella는 '그늘'을 뜻하는 라틴어 Umbra에서 유래했다고 한다. 산傘은 비, 햇빛을 가리는 우산을 벌려 놓은 모양의 상형문자다. 웃음 우산은 비나 햇빛만 막아주는 게 아니고 우리들의 마음속에 있는 근심 걱정도 잊게 해준다. 이런 웃음 우산을 만드는 데 배려하는 마음 아름다운 미소를 투자한다면 누구라도 수익이 무한대로 발생하는 웃음 판매소 대표이사가 될 수 있다. 뇌는 억지로라도 웃으면 웃는 이유를 찾고 또한 웃는 이유를 스스로 만들어낸다고 한다. 불쾌 지수가 높다고 불평할 게 아니라 다른 사람들에게 그냥 웃어주면 될 일이다.

뇌의 번연계는 우리들이 웃을 때 활성화되고 기억력이 매우 좋아진다고 한다. 그러므로 **다른 사람들에게 나를 가장 잘 기억하게 하는 방법은 다른 사람들을 웃게 하는 것이다.** 웃음은 언제나 웃음을 낳고 결국 긍정에너지로 전파된다. 웃는 얼굴은 잘 모르는 사람이라도 왠지 낯설지 않다. 불평불만과 동업하는 사람인 양 잔뜩 찡그린 얼굴은 알고 있는 사람조차 낯설게 한다. 태산도 한 줌의 불씨가 태운다고 하듯이 한 사람의 웃음이 온 세상을 환하게 시원하게 만들 수 있다. 나의 소중한 웃음이 가족과 이웃의 관계를 아름답고 풍요롭게 만드는 중요한 미소로 피어나게 해보자. 웃음으로 무더위를 몰아내 보자.

다른 사람들에게 미소를 보이면 보는 사람의 마음이 열리고 기분이 좋아지는 것처럼 이런 웃음 우산은 한 사람을 위한 물건이 아니다. 우리들의 공유재산이다. 한갓 나 혼자만의 웃음이지만 이 웃음이 다른 한 사람에게 영향을 미치고 또 다른 사람에게 선한 영향을 끼쳐 우리 사회가 웃음이 넘치는 아름다운 세상으로 변하게 할 수 있는 것이다. 30초 동안 웃으면서 말하면 상대방도 따라 웃는다. 웃다 보면 없는 복도 굴러온다고 하는데 30초의 여유를 가져보자. 웃음이 저절로 나오는 웃음 공장이 별건가요? 불평불만 근심 걱정을 막아준다는데 그냥 통 크게 환하게 웃으면 되는 것 아닌가요? 해바라기가 방긋방긋 웃고, 코스모스가 싱글벙글 웃는데 이유가 있어야 하나요? 주머니 속 재물은 이웃에서 잠시 빌려 온 것이지만 미소나 웃음은 내 마음속에서 내 얼굴에서 저절로 피어난 것이다.

혼자 누리는 천당이나 극락이 행복할까요? 혼자 비를 맞고 가고 있는데 누군가가 '우산 함께 씁시다', '내 우산 속으로 들어오실래요.'라고 말하는 사람이 내 곁에 한 명이라도 있다면 이 얼마나 다행인가요, 이 얼마나 행복한 세상인가요? 웃음 우산을 함께 쓴다는 것은 서로를 이해할 수 있다는 것이고 서로의 존재가치를 인정한다는 것이고, 서로 인정(人情)이 통한다는 사실이다. 무더운 한여름에 선풍기가 없어도 시원하고 에어컨이 없어도 시원하고 마음 또한 상쾌해지는 활짝 웃는 얼굴로 다른 사람들에게 시원한 은혜를 베풀어보면 참 좋겠다.

나무는 껍질이 중요하고 사람은 체면이 중요하다고 한다. 맑은 날 우산을 쓰고 다니면 조롱거리가 되겠지만 웃음 우산을 쓰고 다니면 환영받을 것이다. '웃을 일이 있어야 웃지'라고 말하는 사람들에게 억지로라도 웃게 하면 웃을 일이 생길까요? 찡그린 얼굴을 훈장처럼 달고 다니는 사람들에게 가짜 웃음이라도 웃게 하여 정말 웃을 일이 생기는지 확인해보고 싶다. 또한 **일소일소일노일로**一笑一少一怒一老, **소문만복래**笑門萬福來를 믿고 싶다.

4
똑똑똑! 그대 마음도 안녕하신가?

스마트폰에 의해 조종되는 사람은 로봇인가 사람인가? 저는 스마트폰에 조종되는 사람을 '스마트 봇'이라 정의하고 싶다. 나를 대리하여 생각하게 하고, 나를 대리하여 느끼게 하면서 스스로 스마트 맹盲이 되어가고 있다. 스마트 맹은 앞으로 어찌 살아야 하는가?

어느 조사에 의하면 최소 6분 30초마다 한 번씩 스마트폰을 꺼내 든다고 한다. 요즘에는 손에서 떼어 놓지 못하고, 심지어 24시간 로그인 상태로 지낸다. '**디지털 격리 증후군**'이 심해져서 마주보며 하는 대화는 서툴고 스마트폰을 들여다보며 하는 대화는 익숙하다. 식구食口라 함은 한집에서 함께 살며 끼니를 같이 하는 사람이라 정의하지만 요즘에는 식탁에서도 밥을 먹는지 스마트폰을 먹는지 알 수 없다. 밥상머리 교육이라는 말은 구시대 유물이 되어버린 지 오래다. **'갓난아이는 엄마만 바라보고 엄마는 스마트폰에 코를 박고'** 있는 모습을 주변에서 흔히 볼 수 있다. 엄마는 '마음의 눈'을 어디에 숨겼을까? 엄마와 아이는 언제쯤 '사랑의 눈'을 마주칠까 아주 궁금할 따름이다.

TV에 취하면 바보가 된다고 하였으나 스마트폰에 빠지면 벙어리가 되는 것일까? 엄지손가락만이 열심히 대화를 한다. 사색은 멀고 검색은 가깝다. 요즘 'SNS'는 얼굴 보이지 않는다고 오만불손傲慢不遜 교만방자驕慢放恣가 난무亂舞한다. 부정확한 정보를 전염병처럼 빠르게 확산시키는 '**인포데믹스**Infodemics', 특정인을 집단적으로 따돌리고 집요하게 괴롭히는 '**사이버불링**Cyberbullying', 잘못된 정보를 맹신하여 부작용을 크게 일으키는 '**사이버콘드리아**Cyberchondria', 공격적이고 반사회적 행위를 유발시키는 '**인터넷트롤링**Internet Trolling', 나만 소외될까 하는 불안감이나 유행에 뒤쳐질까 하는 공포감에 사로잡히는 '**포모신드롬**Fomo Syndrome' 등 다양한 문제가 발생하고 있다. 스마트폰의 진동은 '그리움의 떨림'이라 하지만 스마트폰이 손에 없으면 초조해 하는 '**노모포비아**Nomophobia', 스마트폰이 울리지도 않았는데 마치 울리는 것처럼 착각을 하는 '**팬텀 바이브레이션 신드롬**Phantom Vibration Syndrome'도 심해지고 있다. 병적인 현상이 급속히 심화되고 있다.

나 혼자 하면 이상하고, 나 혼자 안 하면 불안해한다. 그러면서도 혼자 있는 것을 싫어하고 불안해하면서 막상 한곳에 모이면 서로 불편해하고 함께 노는 게 익숙하지 않아 또다시 각자 노는데 익숙해지는 사람들, 이들은 귀찮은 일을 몹시 싫어하는 '귀차니스트'인가 아니면 남을 전혀 배려할 줄 모르는 매우 이기적인 '사스퍼거'

인가? 혼자 노는데 길들여지고 혼자 노는 로봇이 되어가고 있다. 24시간 로그인 상태를 유지하다 보면 현실과 가상을 구분할 수 없게 된다. 30대 이하 세대는 SNS 이용률이 80% 이상이라 한다. 접속을 통한 상호연계를 강화하고, 공유 공간을 뛰어넘어 사회적 관계를 형성. 유지한다고 하지만 '**존중받지 못하는 프라이버시**'와 '의존적 신경장애'도 사회문제가 될 것으로 보인다. 사람은 기계처럼 기계는 사람처럼, 말은 하면서도 대화는 하지 않는다. 정말 소중한 것은 잃어버렸을 때 비로소 알 수 있다고 하는데, 지금은 '디지털 디톡스', '디지털 다이어트'를 통해 따뜻한 마음, 다정한 눈빛이 통하게 해야 한다. **물이 마르면 목이 타고 말이 마르면 애가 탄다.**

셰리 터클Sherry Turkle은 『대화를 잃어버린 사람들』에서 '당신의 입은 안녕하십니까?'라고 물었다. 여드름 때문에 고민하는 나에게 '야 너는 네 얼굴을 깨작깨작 떼어먹고 사냐?'라고 비수를 찌르면 아무리 떨림 없는 스마트폰이라도 벌떡 일어날 수 있다. 우리가 바꾸지 않으면 이 세상은 결코 변하지 않는다. 우리는 지금 따뜻한 마음의 대화가 필요하다. 활짝 피어 있는 꽃이 나를 보고 웃는데 내가 눈길 한 번 주지 않는다면 꽃의 마음이 너무 아프지 않을까요? 맑은 영혼이 살고 싶은 마음의 공간을 지키자. **기다릴 수 없는 것은 바쁜 마음이지만 마음속 주인은 수시로 바뀐다.** 지금 '당신의 마음은 안녕하십니까?'라고 묻고 싶다.

5
등 굽은 해바라기, 방긋 웃는다

지난가을에 안양천 길을 걷다 유난히 등 굽은 해바라기를 본 적이 있었다. 그때는 '누가 줄기를 부러뜨렸을까'라고 생각하면서 무심코 지나쳤다. 최근 웃음으로 밝고 환한 사회를 만들어 보려는 생각으로 무리 지어 사는 동식물들에 관심을 갖기 시작하면서 놀라운 사실을 발견할 수 있었다. '**혈연은 절대 뿌리칠 수 없다**'는 것으로, 사람뿐만 아니라 동식물에서도 이런 사실을 확인할 수 있었다. 이는 동족 보존 본능과 밀접한 연관이 있다. 즉 동족을 도우면 나와 같은 유전자가 후대에 잘 전해질 수 있다고 믿는 것이다. 동족을 돕는다는 것은 결국 '나' 혼자만의 생존이 아닌 구성원이 다 함께 잘 살 수 있도록 서로 양보하고 배려한다는 것이다.

'기러기'가 V자 형태로 날아가는 모습을 쉽게 볼 수 있다. 앞에서 이끄는 기러기가 뒤에 따라오는 동료를 위해 상승기류를 만들어 준다. 그래서 혼자 나는 것보다 70% 정도 더 멀리 날아갈 수 있다고 한다. '빨리 가려면 혼자 가고 멀리 가려면 함께 가라'는 말을 이해할 수 있을 것이다. 아프리카에 사는 '미어캣Meerkat'은 30여 마리가 무리 지어 사는데 천적인 맹금류를 경계하기 위해 돌아가면서 경계를 선다. 그리고 암컷이 새끼를 낳으면 성숙한 암컷들은 모두 유선이 발달하여 함께 젖을 먹인다. **'하나는 모두를 위해, 모두는 하나를 위해'** 공동체 생활을 지혜롭게 하고 있는 것이다. 암컷 '일개미와 일벌'은 알을 낳지 않지만 여왕개미와 여왕벌이 알을 낳으면 자신이 알을 낳은 것처럼 열심히 보살핀다. '다람쥐'는 도토리를 묻어 놓은 장소를 대부분 기억하지 못한다. 그러면서도 다른 다람쥐를 위해 계속해서 묻는다. 이는 동족을 보존하기 위한 매우 자연스런 행동들이다.

식물 중에서 '서양갯냉이'는 생면부지의 식물이 옆에 있으면 뿌리를 양껏 뻗지만 동족이 옆에 있으면 내 동족이 뿌리를 내릴 수 있도록 공간을 양보한다. 십자화과의 두해살이 풀인 '애기장대'는 동족이 옆에 있으면 상대에게 그늘이 지지 않도록 잎이 자라는 방향을 바꾸고, '해바라기'는 동족에게 햇빛을 가리지 않기 위해서 곧은 줄기가 옆으로 어긋나게 자란다고 한다. 이처럼 동식물도 동족을 위해서 공간도 양보하고 햇빛도 양보하고 영양분도 양보한다는 사실은 '나'만 챙기는데 익숙해진 우리에게 시사하는 바가 크다.

최근 회전교차로에서의 교통사고가 크게 줄었다는 보도가 있었다. 이는 '나'만 생각하고 앞만 보고 달리는 것이 아니라 다가오는 상대방을 보면서 그들에게 관심과 배려를 베푼 덕분이라 생각한다. 함께 어울려 사는 '우리'를 생각하였기에 아름다운 마음으로 양보하였을 것이다. 사람들은 이렇게 예쁜 마음도 가지고 있지만 이로움을 보면 불나방처럼 달려드는 호리성好利性도 지니고 있다. 하지만 요즘에는 대부분의 사람들이 자기 잇속만 더 챙기려 한다. 혼자 있으면 불안해하고 힘들어하면서도 한자리에 모이면 그것 또한 불편해하면서 혼자 즐긴다. 스마트폰을 손에서 떼어놓지 못하는 사람들, '검색은 가깝고 사색은 멀다'는 사람들, **입은 있으나 말은 안 하고 귀는 있으나 듣지 못하고 결국 손으로만 말을 하는 사람들, 어울림을 잊고 사는 사람들, 말이 마르니 인정人情도 마른다.** 스마트폰에 의해 조종되면서 오로지 '나'만 생각하는 로봇으로 변해가고 있다.

바늘 하나 꽂을 자리 없는 좁은 마음으로 세상을 바라본다면 세상은 그만큼 작아 보이고 **온 우주를 품을 만큼 큰 눈으로 바라본다**면 그만큼 넓게 보일 것이다. 보이는 게 작으면 생각도 줄어들고 마음도 비좁아진다. 그러면 다른 사람을 생각할 여유가 없게 된다. '나' 혼자 잘살면 된다가 아닌 서로 아껴주고 도와주고 토닥여주는 '우리'를 생각할 수 있도록 시야를 넓혀보자. 함께 가자고 손잡아주는 누군가의 보이지 않는 배려와 사랑 덕분에 행복하였다면 그들에게 감사하자 **'등 굽은 해바라기가 나를 보고 미소 짓고 있는 이유'**를 생각하자.

6
너의 끝은 나의 시작이라네!

장대비 내린 후 마중 나온 햇살은 반갑다. 해가 뜨면 불거져 나오는 뱃살은 얄밉다. 반가운 마음이 시작하는 곳은 어디이고 얄미운 마음이 끝나는 곳은 어디인가?

뭍 사람들은 바다에 연한 땅을 땅끝이라 말한다. 그 땅끝 너머 바다에서 사는 사람을 바닷사람이라 부른다. 바닷사람은 바닷물이 닿아 있는 끝을 뭍의 시작이라 말한다. 그러면서 그곳에서 사는 사람을 뭍사람이라 부른다. 바다를 연하고 있는 땅, 땅을 기대고 있는 바다, 나는 어디에 서서 어디를 바라보고 있는가? 바다만 바라보면 뭍을 볼 수 없고, 뭍만 바라보면 바다를 볼 수 없다. 그러면서 눈앞에 보이는 것만을 진리라 믿고, 보이는 것만이 정답이라 확신한다. 서 있는 자리에서 뒤돌아볼 여유가 없으면 뒤에 따라오는 아름다운 세상이 있다는 사실을 어찌 알까? **나의 시작점과 너의 끝지점은 같은 지점**이지만 그 사실을 인정하지 않으려 하고, 너와 내가 바라보는 방향만 다르다는 사실을 절대 인정하지 않으니 시비만 늘어난다.

파도와 싸우며 헤엄쳐 보았는가? 마주하고 덤비면 파도는 그대로인데 내가 먼저 지치고 힘들어진다. 그 녀석은 내가 앞으로 나아가는데 그저 고약한 방해물이고 앞으로 나아가지 못하게 하는 방해꾼이라 생각한다. 파도와 등지고 헤엄을 쳐 보았는가? 힘들이지 않고 원하는 방향으로 쉽게 헤엄쳐갈 수 있다. 그 녀석은 방해물이 아닌 나를 등 뒤에서 밀어주고 있는 조력자라 생각한다. 누구에게는 장애물이 누구에게는 동업자가 되는 경우가 어디 파도뿐이겠는가. 바람도 마찬가지다. 바람을 맞서 나가려 하면 힘이 들지만 바람을 등지고 걸으면 발걸음이 가볍다. 맞서는 바람은 쇳덩이처럼 무겁지만 등지는 바람은 깃털처럼 가볍다. 물건을 사고팔 때도 마찬가지가 아닐까. 나는 비싸게 팔아서 기분이 좋고 너는 싸게 사서 기분이 좋다. 나는 싸게 사서 가격이 올라 비싸다고 생각해서 팔았으니 기분이 좋은 것이고 너는 아직 싸다고 생각해서 싸게 샀다고 생각하니 기분이 좋은 것이다. 이런 생각은 행복충전소에서 천사를 만난 것이다. 비싸게 팔아놓고도 싸게 팔았다고 투덜거리는 사람, 싸게 사고서도 비싸게 샀다고 불만이 가득한 사람은 불평 제조기이자 불만 판매업자인 악마를 만난 것이다.

행복을 손에 쥐고서 행복이 아니라고 주장하는 사람과 소중한 행복이라 아끼는 사람으로 갈린다. 같은 사건을 접하면서 누구는 불행을 생각하고 누구는 행복을 꿈꾼다. 세월이 지나고 나면 자신이 생각한 대로 이루어져 있을 것이다. 부정적인 생각은 부정의 씨앗을 키우고, 긍정적인 생각은 긍정의 뿌리를 내린다. 인생은 자신이 생각한 대로 이루어진다는 것은 맞는 말이다. 어느 곳에 서 있든 앞을 보는 사람은 앞에 있는 것을 보게 되고, 뒤를 보는 사람은 뒤에 있는 것을 보게 된다. 다만 바라보고 있는 것이 긍정인지 부정인지, 행복인지 불행인지는 그 사람의 마음과 생각이 결정한다.

지금 만나는 사람이 좋은 사람인지 악한 사람인지는 알 수 없다. 다만 내가 **그 사람이 좋은 사람이기를 바라면 스스로 좋은 사람으로 대접을 하게 된다.** 악한 사람이라 생각하면 또한 악한 대접을 하게 된다. 결과적으로 좋은 사람으로 대접을 하면 그 사람은 좋은 대접을 받았기에 나에게 좋은 사람으로 다가오게 되고, 내가 악한 사람으로 대하였다면 그 사람도 악한 대접을 받았기에 나에게 악한 사람으로 다가올 수밖에 없을 것이다. **한 곳에서 자라는 식물도 햇볕을 주는 곳으로 얼굴을 내보인다.** 햇볕이 있는 방향으로 길게 자라고 쭉쭉 뻗어 나간다. 식물도 주인에게 대접받는 만큼 성장하고 열매를 맺어 준다. 좋은 대접이 좋은 사람을 부르고, 불편한 대접은 불편한 사람을 부르게 된다. 불편한 대접을 받은 사람이라면 뭐가 좋아서 내게 좋은 대접을 해 오겠는가?

하나의 사물을 놓고 위를 보고 밑을 보고 좌를 보고 우를 보면 같은 사물이지만 다르게 보인다. 누구에게는 정상으로 보이고 누구에게는 밑바닥으로 보일 것이다. 끝과 시작으로 달리 보인다. 같은 방향을 보고 있음에도 다르게 보인다면 마음을 다르게 쓰고 있다는 것이다. **'이것조차도 고맙다'라는 생각과 '이것밖에 대접을 못 받네'라는 생각의 차이**는 어디에서 오는 것일까?

7
오늘은 내가 제일 행복한 사람이야!

띵 똥 띵 똥!!! 소중한 님께서 보내신 행복한 선물 고객님 마음에 놓고 갑니다.!!!

행복 하고 싶은가요? 그렇다면 지금 당장 '나는 행복한 사람이다'라고 큰소리로 외쳐보십시오. 행운을 안고 싶은가요? 그렇다면 지금 당장 '나는 행운을 붙잡은 사람'이라고 외쳐보십시오. 외쳐보지도 않고 행복하지 않다고, 행운이 내게로 다가오지 않는다고 불평하지 말자. 황금보다 소중한 것이 지금이다. 지금 즉시 행동하지 않으면 행복이 다가오겠는가? 행운이 따라오겠는가? 그렇다면 지금 당장 '나는 행복하다' '행운이 내게로 오고 있다.'라고 외치자. 배고프다고 울지 않는 아이에게 젖을 물릴 리 없고, 아프다고 말하지 않으면 어디가 아픈지 알 길이 없다. 보고 싶은 사람이 있다면 생각만 하지 말고 지금 당장 찾아가서 만나라.

오늘은 선물이다. 선물을 받으면 대부분의 사람들은 행복해한다. 포장지 안의 내용물은 그 다음 문제다. 무엇이 들어있는지는 포장지를 풀어보아야 알 수 있다. 내가 원하는 물건이 들어있으면, 내가 그토록 갖고 싶어 했던 물건이라면 나도 모르게 박수를 치며 환호성을 지른다. 그러면서 선물을 보내준 사람을 아주 좋은 사람이라고 생각한다. 그런데 내가 원하지도 좋아하지도 않는 물건이라면 크게 기뻐하지는 않는다. 하지만 그 사람을 미워하지도 않는다. 나에게 선물을 보냈을 때는 그 선물을 받고 내가 기뻐해 주기를 바라는 마음이 함께 들어있기 때문이다. 그러니 어떤 선물을 보냈더라도 결코 그 사람을 미워할 수는 없는 것이다. 그 사람이 선물을 고르면서 느끼는 행복한 마음을 무작정 훼손하거나 무시할 권리는 나에게 한 푼도 없다. 누구든지 선물을 보내면서 그 선물을 받고서 기분 나쁘게 생각하라고 보내지는 않는다. 특별한 사람, 소중한 사람이라 생각하면서 **선물을 준비해서 보내는 그 사람의 마음은 언제나 아름답다. 그러니 언제나 고마운 것이다.**

혹시 당신은 다른 사람들에게 선물을 보내보았는가? 아름다운 마음으로 선물을 보내지만 그 선물을 받아들고서는 누구나 행복해하지는 않는다. 아무에게나 행복을 선물로 보낼 수는 있지만 누구에게나 행복을 안겨주기는 쉽지 않다. 정성들인 선물이 어떤 사람에게는 행복의 선물이 되고, 어떤 사람에게는 행복하지 않은 선물이 될 수도 있다. 그리고 선물을 받는 사람들이 느끼는 행복의 크기도 제각각이다. 복을 담는 그릇의 크기도 입꼬리의 크기도 들쑥날쑥하다. 마음의 크기도 모두 다르다. 중요한 사실은 선물 받을 사람이 그 선물을 받아들고 행복해하기를 바라는 것처럼 나에게 선물을 보낸 사람의 마음도 그러하다는 것이다.

오늘이라는 시간은 분명 선물이지만 모든 사람에게 행복감을 주는 것은 아니다. 누군가에게는 오늘이 괴로운 날이 될 수도 있다. 피곤함에 찌든 사람은 이른 새벽에 일어나는 것이 싫어 오늘이 좀 더 천천히 오기를 원할 것이다. 밤을 잊고 사는 사람들은 꼭두새벽 시작하는 오늘이 그다지 반갑지 않을 것이다. 다가오는 시간이나 값비싼 귀한 물건이 모든 사람들에게 기쁨을 주는 유용한 물건이 될 수 없는 것처럼, 오늘이라는 귀한 선물도 모든 사람들에게 행복으로 다가오지는 않는가 보다. 하지만 대부분의 사람들은 선물을 받으면 기분이 좋고 행복해하는 것처럼, **오늘이라는 시간을 누군가가 나에게 보낸 귀한 선물이라 여기면** 오늘을 행복으로 시작할 수 있지 않을까요?

맛있는 것은 혼자 독식하고 귀한 물건은 나 홀로 갖고 싶어 하는 것처럼, **'나에게 주어진 값비싼 행복'**, 오늘만큼은 소중한 애인 다루듯 귀하게 다스려 보자. 오늘은 좋은 날이고 오늘은 나에게 큰 선물이고 그 선물은 곧 나에게 큰 행복을 가져다줄 거라 믿어보자. 그러면 오늘은 내가 제일 행복한 사람이 된 것이다. 오늘이 내 인생에서 가장 행복한 날이다. **내가 살아있는 지금 이 순간이 오늘을 가장 특별한 날로 만들 수 있는 절호의 기회다.**

바람결에 실려 가는 행복을 웃음 그릇으로 듬뿍 담아내는 하루이기를 기대해본다.

8
나의 시선이 너에게로 기운다

사람은 누구나 가슴속에 넣고 싶은 사람이 있다. 생각하면 빙그레 미소가 그려지는 사람도 있다. 그들은 나에게 아무런 대가도 바라지 않고 마음을 나누어준 사람입니다. 나에게 특별한 관심을 가져주는 사람입니다. 비가 오면 우산을 들어주고 해가 뜨면 양산을 펴주고 바람 불면 언덕이 되어주는 사람입니다. 마주 보면 환하게 웃어주는 사람입니다.

사람은 누구나 기억하고 싶지 않은 사람도 있다. 생각하면 인상이 저절로 찡그려지는 사람도 있다. 나에게 아픈 상처를 준 사람입니다. 나를 속이고 피해를 준 사람입니다. 나를 무시하고 비난하는 사람입니다. 비가 오면 행여 오물이 내 옷자락에 튈까 피하고 바람 불면 똥파리 날아올까 피하는 사람입니다. 서로 돌아보고 있어야 다툼이 생기지 않는 사람입니다.

필자는 오늘도 많은 사람을 만납니다. 그들을 모두 기억하려 노력합니다. 향기로운 말을 많이 하고, 간간이 활짝 웃어주고, 보일 듯 말 듯 아름다운 미소를 지어주는 사람은 선한 복을 주는 사람이라고 가슴 깊이 새기려 합니다. **예쁜 말 예쁜 미소로 예쁜 인생을 가꾸어 보려 노력합니다.** 왠지 모를 불편한 느낌이 묻어나고, 시도 때도 없이 욕설을 내뱉고, 시선이 나를 자꾸 피하는 사람은 경계해야 할 사람이라고 기억하려 합니다. 내가 만난 사람도 나를 기억하려 할 것입니다. 다만 어떤 모습으로 기억하려 하는지는 잘 모릅니다. 그러니 매 순간 소홀함 없이 그 사람에게 정성을 다하고 귀를 쫑긋 세워 듣고 따뜻한 말과 방긋 미소로 만나는 사람들의 마음을 토닥거려 주려 합니다. '왠지 느낌이 좋은데', '다시 만나고 싶은데', '나와 통하는 데가 있는데'라는 그런 사람으로 기억되어 진다면 참 좋겠습니다.

스쳐 가는 사람이라고 뜨내기손님 대하듯 싸구려 대접은 하지 않기로 했습니다. 사람으로 태어난 이상 무시당해야 할 이유가 없기 때문입니다. 내가 그 사람을 무시할 권리를 가지고 있는 것도 아닙니다. 그러하니 내가 만나는 사람을 귀하게 대접하려 합니다. 나의 사랑과 호의, 응원으로 그 사람이 잘 되었다는 소리를 듣고 싶습니다. 그 사람이 인정하고 안 하고는 그 다음 문제입니다. 내 마음을 따라 그 사람의 마음이 따라오고, 그 사람 마음이 살짝 내게로 기대어 옴을 느낄 때 나는 기분이 참 좋습니다. 그것으로 행복합니다.

도토리가 키를 잰다고 아우성을 친다. 참깨가 기니 짧니 하면서 서로 다툰다. 좁쌀 같은 마음보다는 '형님 먼저 아우 먼저' 하면서 서로 배려하는 마음이 많아졌으면 좋겠습니다. 다른 사람의 티끌만 한 실수도 받아들일 수 없는 마음이라면 따뜻한 마음을 가진 사람이라 말할 수 없습니다. 바늘구멍으로 그 사람의 단점을 보고 망원경으로 그 사람의 장점을 찾아낸다면 그 사람은 분명히 아름다운 마음을 가졌을 것입니다. 그 사람 주위에는 언제나 따르는 사람들이 모여 있을 것입니다. 지평선 끝자락에 마음을 교환하는 시장이 선다면 그 사람은 배려하는 마음의 다리를 놓고, 다른 사람들에게 무지개 옷을 입혀 줄 것입니다. **나도 다른 사람들의 마음이 나에게 조금씩 다가올 수 있도록 작은 빈틈을 보여주며 살아보려 합니다.**

'나'는 '나'를 안다고 하는 사람들에게 어떤 사람으로 기억되어지고 있을까요? '헤어지면 금방 다시 보고 싶어지는 사람', '같이 있으면 시간이 너무 빨리 가는 사람', '한평생을 몽땅 맡기고 싶을 만큼 믿음이 가는 사람', '곁에 있으면 내가 매우 중요한 사람이라는 느낌을 주는 사람', '모두 내 곁을 떠날 때 끝까지 나를 지켜줄 것 같은 사람', '비 오는 날 전화하지 않아도 우산을 들고 마중을 나오는 사람', '하루 종일 말 없이 함께 걸어도 전혀 지루하지 않은 사람', '비싼 외제차를 들이받았다고 전화를 해도 화내지 않고 내 안부를 먼저 물어주는 사람', '함께 있는 사진을 꼭 간직하고 싶은 사람' 등등 '내 눈이 아프도록 그대를 보고 싶어 합니다' 이런 정도의 말을 듣고 살면 참 좋겠지요!

9
저기요, 돈지갑이 떨어졌어요!

지나가는 사람들에게 '저기요, 돈지갑이 떨어졌어요!' 하고 외치면 혹시 내가 떨어뜨렸나? 하면서 대부분의 사람들은 자신의 호주머니를 더듬어보거나 돌아본다. 자신의 주머니에 지갑이 들어있음을 확인하고서도 혹시나 해서 다시 한번 확인하고 나서야 비로소 안심한다. 그러면서 떨어진 지갑에 돈이 얼마나 들어있을까?, 주인이 나타나지 않으면 내가 주어 갈까 하는 생각으로 주변을 두리번거리기도 한다. 한편, 급하게 지나가야 하는데 '비켜주세요' 하면 잘 비켜주지 않지만 '똥차 지나갑니다' 하고 외치면, 털끝만치라도 혹여 똥물이 내 몸에 묻을까, 내 옷에 튈까 조바심을 내면서 재빨리 옆으로 비켜선다. 무서운 독사뱀 한 마리가 휘익 지나가면 휴우! 하면서 안심하는 것처럼 말이다. 사람들을 돌아보게 하는 돈지갑과 사람들을 흩어지게 하는 똥물의 차이는 무엇일까? 돈지갑을 줍는 꿈을 꾸면 돈이 나가고 똥물 뒤집어쓰는 꿈을 꾸면 돈벼락을 맞는 경우가 많다고 한다. 돈지갑은 현실에서 동물은 꿈속에서 사람들에게 큰 기쁨을 준다. 그런데 **꿈속에서나 현실에서나 사람들을 기분 좋게 하는 말이 있다. '덕분에'라는 예쁜 말이다.**

어떤 경기에는 팀을 이루는 최소한의 참가 인원이 정해져 있을 수 있다. 참가하는 그 자체가 큰 영광이고, 우승하면 상금도 덤으로 받을 수 있다고 하면, 한 명이 모자라서 참가가 어렵게 된 팀은 필사적으로 다른 한 명을 구해 와서 팀을 이루고 그 경기에 참가하려 할 것이다. 그런데 참가한 후에 그 한 명이 잘못해서 우승을 놓친다면, 다른 팀원들이 '너 때문에 망했다', '너만 아니었으면 우승할 수 있었다'라는 식으로 그 친구를 비난할 것이다. 그 친구 아니었으면 참가할 기회조차 갖지 못했을 텐데, 참가한 그 자체로 큰 명예를 얻었음에도 불구하고 개구리가 올챙이 적 시절을 기억하지 못하는 것처럼 잘못한 친구를 향해 끊임없이 비난과 질책을 가하려 할 것이다. 정말 우승을 하고자 한다면 잘못하는 그 친구가 잘할 수 있도록 함께 도와주면 될 일 아닌가요? 자신들은 해야 할 일을 제대로 하지 않고서 왜 그 친구만 비난하는가? 물통에 물을 담을 수 있는 높이는 물통을 구성하고 있는 판자 중에서 높이가 가장 낮은 판자의 높이 만큼일 것이다. **물을 더 높이 담고 싶다면 높이가 가장 낮은 판자의 높이를 원하는 만큼 더 높이면 될 일이다.**

필자가 직장생활을 할 때, 배정된 사업목표를 초과 달성 하려고 온 힘을 다해 노력했지만, 최종적으로 목표의 90% 정도만 달성했던 경우가 있었다. 이때 어느 직원이 대뜸 '야, 너 때문에 못 했잖아, 너 때문에 망했잖아' 하고 실적이 저조했던 직원을 심하게 비난하는 것이었다. 듣고 있자니 민망하고 참으로 어처구니가 없다는 생각에, '그 녀석 때문에 망한 게 아니고, 그 녀석 덕분에 그나마 이 정도라도 달성한 것이다', **'너 때문에'라 하지 말고, '네 덕분에 그나마 이 정도라도 달성해서 다행이야'**라고 말하면 서로 격려도 되고 서로 기분 상할 일이 없잖아'라고 하면서 직원들의 말버릇과 타인을 대하는 태도를 바꾸도록 했던 기억이 난다.

우리들은 어느 누구에게도 비난받아야 할 이유가 없다. 어느 누구도 다른 사람을 무시하거나 비난할 권한을 갖고 있지 않기 때문이다. 설령 함께 도전했던 일이 실패하였을지언정 '너 때문에 망했다'가 아닌 '네 덕분에 그나마 이 정도라도 해낼 수 있었다.'라고 말하면 얼마나 듣기 좋은가! 배려하는 말의 축복, 따뜻함이 묻어나는 말의 행복, 격려의 말이 주는 선물을 돈지갑 챙기듯 아끼자. '너 때문에 못 살겠다'라는 말은 듣는 즉시 쓰레기통에 버리고 '네 덕분에 잘살고 있다'라는 말은 듣는 즉시 입에 배이도록 따라 해보자. **'때문에'는 사람들을 흩어지게 하지만 '덕분에'는 사람들을 모이게 한다.** 빈 지갑에 용돈 생기면 기분이 좋은 것처럼 기분 좋은 하루를 **'예쁜 말 고운 말'**로 시작하자. **예쁜 말 예쁜 미소**를 명심하자.

10
초보운전자는 곁눈질할 시간이 없다

저는 운전을 시작한 지 벌써 30년이 넘어가지만, 아직도 큼직하게 쓰인 '초보운전' 팻말을 차창에 붙이고 다닌다. 항상 초심을 유지하면서 조심조심 운전하고자 하는 마음 때문이다. 무엇이든 맨 처음 배울 때 제대로 배워야 나중에 후회가 없다. 오른손으로 하던 젓가락질을 왼손으로 하려면 무척 어려운 것처럼 몸에 배어 버린 습관을 고치려 하면 꽤나 많은 노력이 필요하게 된다. 자동차를 운전하려면 제일 먼저 자동차 운전면허시험을 통과해야 한다. 제가 운전면허시험 응시원서를 제출하고 학원에서 운전대를 처음 잡아보던 날, 나도 모르게 긴장하면서 어깨에 힘이 잔뜩 들어가 손바닥에 커다란 물집이 생겼던 기억이 난다. 오로지 앞만 바라볼 뿐, 옆을 돌아볼 여유도 없었다. 차츰 운전대를 잡는 횟수가 늘면서 긴장도 풀리고 좌우 옆길도, 신호등도 바라볼 수 있게 되었다.

운전을 처음 시작하는 사람을 '초보운전자'라 한다. 그리고 차창에 '초보운전' 팻말을 붙이도록 권장한다. 이것은 자신이 초보운전자임을 마음에 새기고 다른 운전자에게 조심하고 주의하고 양보하고 배려를 해 달라는 메시지를 전달하려는 것이라 생각한다. 연습을 많이 했다고 자신만만하지만 실제 도로에 나가보면 사방에서 쏜살같이 달려오는 차들로 인해 등골이 오싹해지는 두려움을 느끼게 된다. 아주 단순해 보이는 차선 바꾸는 것조차도 손에 땀이 난다. 서툰 차선 바꾸기는 자칫 도로의 흐름을 깨트리고 큰 사고로 이어질 수 있으므로 긴장의 연속이다. 차가 많이 다니는 길에서 차선을 바꾸려면 옆 차와의 거리, 속도, 사이드미러, 후방 미러, 사각지대 등을 종합적으로 살피고 판단해야 하는 데 익숙지 않다. 어떤 때는 차선변경에만 집중한 나머지 방향지시등을 켜는 것조차 깜박하는 경우도 있다. 이 시기에는 초보운전자 스스로 조심해야 하겠지만 다른 운전자들의 양보와 배려가 절대적으로 필요하다. 어린아이가 일어서기까지는 주변 사람들의 관심과 도움을 받으면서 기고 뒤집고 넘어지기를 수없이 반복한다. 초보운전자도 마찬가지다. 그런데 **오기가 발동하면 잘못된 것인 줄 알면서도 후퇴가 어렵다. '너도 하는데 나라고 못 할까?'** 하면서 다른 사람들의 차선을 쉽게 넘나들려 한다. 승리가 반복되고 여유가 넘치면 교만해지기 쉽고 교만해지면 결국 나태하게 된다.

대학교에 갓 입학한 신입생을 Freshman이라 부른다. 새로운, 신선한, 선명한, 짠맛이 없는, 생생한, 풋내기, 미숙자라는 뜻을 내포하고 있다. 2학년생은 Sophomore라 부른다. 아는 체하는, 건방지다는 뜻을 지니고 있다. 초보자가 무언가를 조금 배우고 나면 마치 모든 것을 다 아는 것처럼 잘난 체하고 싶어 하는 사람들의 본성을 잘 나타낸 것이라 생각한다. 자신만만해 보일 때가 가장 위험하다. **어중간하게 안다고 할 때 가장 거만해진다.** 이제 이겼다고 방심한 순간 쓰라린 패배를 당할 수 있다. 헤엄 잘 치는 사람이 물에 빠져 죽는 경우처럼 사람이 실수하는 것은 자신이 가장 잘한다고 맹신할 때 발생한다. 처음은 누구에게나 어렵다. 열정 넘치는 도전정신이 필요하다. 고수도 초보자 시절을 겪는 것처럼, 그들도 어린아이와 같은 수많은 연습과 다른 고수나 프로들의 도움을 받고서 진정한 고수의 경지에 이를 수 있다. 신병이나 신참은 선임병이나 상급자의 올바른 지도와 보살핌 속에서 성장할 수 있다. 초보자는 오로지 상급자의 따뜻한 관심을 먹고 자랄 수 있다.

인생 초보운전자가 종착지까지 무사 안전 운행을 보장받을 수 있는 유일한 방법은 **반듯한 자세와 올바른 마음**을 끝까지 유지하는 것이다. **올바른 운전 습관은 만능보장보험이다.** 마땅히 해야 할 일은 하지 않고 하지 말아야 할 일만 골라서 한다면, 한 번 해보았다는 얄팍한 경험을 밑천 삼아 모든 것을 다 아는 것처럼 원칙을 무시하고 행동한다면, **실력은 초보자인데 오만과 건방짐이 넘치는 위험한 고수**가 될 뿐이다. '초보운전' 팻말을 다시 돌아보고 있다.

11
만송이 행복, 한 송이 행운

며칠 전에 저녁을 먹고 난 후 아파트 단지 내 공원에 설치된 운동기구로 운동을 하다 잠시 주변을 둘러볼 기회가 있었다. 공터 주위에는 온통 클로버가 무성하게 자라고 있었다. 순간, 이 많고 많은 세 잎 클로버 속에 네 잎 클로버가 어딘가에 숨어 있을 거야 하는 생각에 눈동자를 이리저리 굴려 보았다. 그런데 눈동자를 돌리자마자 눈에 확 들어오는 네잎 클로버가 있었다. 그것도 운동기구에서 아주 가까운 곳에서 자라고 있었다. 다른 사람들도 운동을 하면서 바라보았을 텐데 그분들에게 들키지 않고 왜 하필 내 눈에 띄었을까? 이런 것이 행운이구나 하는 생각이 들었다. 다른 사람들이 찾을 때는 숨어 있던 것이 나에게만 발견되었으니 말이다. 내 눈앞에 나타나 준 것이 그저 고마울 따름이었다. 혹시 다른 사람들은 네 잎 클로버를 발견하였지만 다른 이웃 사람들에게 행운을 넘겨주려고 그냥 그대로 놔두었는지도 모를 일이었다. 아무튼 조심스럽게 따서 집으로 가져왔다. 집으로 가져오는 동안 혹시라도 잎이 떨어지거나 손상될까 조심조심 다루었다. 처음부터 없었거나 모르고 있었던 행운이라면 내 곁에 없다 해도 서운할 게 없겠지만 이미 내 손안에 들어온 행운이나 행복이 떠난다면 그 얼마나 안타깝고 아쉬운 일이겠는가. 그래서 그 행운이 날아가기 전에 사진을 찍어 두고 예쁘게 잘 마르도록 네 잎 클로버를 활짝 펴서 책갈피처럼 책 속에 넣어두었다.

가장 흔한 세 잎 클로버는 행복을, 네 잎 클로버는 행운을 상징하며, 자연 상태에서 네 잎 클로버가 발견될 확률은 1/10,000 정도라 한다. 즉 주변의 수북한 행복을 지나쳐야 행운이라는 네 잎 클로버를 발견할 수 있으니 이것을 발견하면 마치 큰 행운을 거머쥔 것처럼 기분 좋아한다. 필자도 네 잎 클로버를 가질 수 있는 행운을 얻었다는 사실에 무척 기분이 좋았다. 그러면서도 나에게 행운을 가져다주는 네 잎 클로버를 알게 모르게 양보해준 이웃 사람들에게 기분 좋은 행운을 나누어 드려야 마땅하다는 생각이 들었다. **상서로운 행운을 혼자 독차지한다면 혼자만의 즐거움으로 끝나지만 여러 사람과 함께 나눈다면 많은 사람이 즐거워할 것이다.** '너에게 나의 행운을 선물할게', '네가 나의 소중한 선물이야'라고 하는 말을 건네 보고 싶었다. 행운을 어떻게 나누어야 많은 사람이 행복해할 수 있을까? 참 즐거운 고민을 해보았다.

제가 존경하는 어느 심마니는 값비싼 산삼을 캐는 순간 욕심이 생기면 다른 사람에게 베풀 수 없기 때문에 산삼을 캐러 출발하기 전에 오늘 산삼을 캔다면 그 산삼을 누구누구에게 주겠다고 미리 정한다고 하였다. 산삼이 꼭 필요한 사람이 정해져 있기에 그리고 나누려는 선한 마음을 품은 덕분에 다른 심마니 보다 양질의 산삼을 더 빨리 더 많이 발견하였다는 것이다. 다른 사람에게 나누어 주려는 선한 마음은 어디에서나 선으로 통하는 것 같다. 나라면 과연 그렇게 할 수 있을까? 나누려 하기보다 혼자서 꼭 움켜쥐려 하는 마음이 가득했기에 지금까지 나에게는 기분 좋은 행운이 함께 하지 못한 것은 아닐까 하는 생각이 들기도 했다. 선한 기운을 함께 나누는 복 있는 사람이 따로 정해져 있는 것은 아닐 것이며, 행운을 가졌을 때 이웃에게 나눔을 실천하면 우리도 복 있는 사람이 될 수 있을 거라 생각한다. 그래서 필자도 네 잎 클로버를 보고도 그냥 지나쳤을 수많은 사람에게 그 행운을 나누어 드리고자 **'행복과 행운은 한 잎 차이다'**라는 글과 함께 예쁘게 찍은 네 잎 클로버 사진을 보냈었다. 단순한 네 잎 클로버 사진 한 장일 뿐이지만 그 사진을 바라보면서 '아! 나에게도 이제 행운이 오겠구나.' '꼭 좋은 일이 생길 거야.'하는 생각으로 환한 미소를 지었으리라 믿는다.

필자는 예쁜 마음을 나누어줄수록 자신에게 돌아오는 복덩어리가 더욱 커진다고 믿고 있다. 모든 사람은 불운을 원하지 않는다. 행복과 행운을 원한다. 행복하고 싶거든 큰 소리로 '나는 행복하다'라고 외쳐라. 그리고 기분 좋은 행운을 얻는다면 다른 사람들에게 골고루 나누어 주자.

12
외할머니 손맛이 이사 왔어요!

내가 자주 쓰던 물건을 누군가가 나도 모르게 그 옆으로 옮겨 놓으면 그걸 찾는데 한참 동안 애를 먹는 경우가 있다. 순간 당황하기도 한다. 낯선 동네로 이사를 한 첫날은 만나는 사람도 낯설고 마주치는 시선도 왠지 어색하고 집을 찾아가는데도 서툴다. 이처럼 익숙한 것으로부터 벗어나려면 두려움이 앞서고 서툶이 가로막고 불편함이 짓누른다. 그런데 역설적으로 **안 해보면 정말 못하는 것이 되고 못 한다고 생각하면 끝내 안 하게 되는 경우가 더 많다.** 아는 것만 하려고 한다면 모르는 것은 언제 해볼 수 있을까? 시간이 쌓이면서 형성된 습관을 단숨에 확 바꾸려 하면 이미 투자된 시간이 아깝다는 생각이 들 수도 있다. 습관은 어떤 행동을 무의식적으로 반복하게 만드는 몸에 밴 오랜 시간의 흔적이다. 습관은 몸에 새겨진 생활 리듬이고, 무의식적 행동의 패턴이다. 습관적으로 하던 것을 어느 날 아침 다르게 해보려면 대단한 용기가 필요하다.

왜냐면 이전의 기억들을 모두 버려야 하기 때문이다. 늘 하던 대로 하면 편하다. 오랫동안 신어 온 구두를 신는 것처럼, 묵혀둔 김장 김치는 언제 먹어도 질리지 않는 것처럼, 엄마의 품속은 언제나 포근한 것처럼.

호기심은 두려움을 없앤다. 상상은 도전을 부른다. 그러니 익숙함에 갇히지 말자. 어색함을 피하지 말자. 미국 소설가 '노라 로버츠'는 **"묻지 않으면 대답은 항상 노"**라고 했다. 시도하지 않으면 변화는 항상 멈춘다. 복권을 사지 않으면 당첨될 확률은 언제나 꽝이다. 한 발짝도 떼지 않으면 항상 제자리다. 익숙하지 않아서 어색함을 느끼고 가보지 않아서 두려움이 앞서지만 시도하고 도전하면 그 나름의 배움이 쌓이고 경험이 늘어나고 또 다른 친숙함이 다가온다. 어색함도 불편함도 자주 마주하다 보면 친해지고 자유로워진다. 익숙함이 주는 편안함을 벗고 낯섦에 과감하게 마주할 용기와 배짱이 있는지 묻고 싶다. 꽁꽁 얼어 있는 생각에 펄떡거리는 상상의 햇살을 쏘여보자. 늘 먹던 음식이 아닌 색다른 맛에 도전하여 이 맛 저 맛을 느껴보자. 새로운 삶에 도전하려는 의지가 강해질수록 사고가 부드럽고 상상의 무대도 무한대로 커진다.

'나를 가로막는 것은 나밖에 없다'라는 김새해 작가의 말처럼 지금의 나를 나아가지 못하게 하는 것은 내 미래의 불안감과 현재의 익숙함이다. 이런 **익숙함을 버린다는 것은 불편함에 도전한다는 것이다.** 조금 더 편해지고자 하는 유혹들을 물리치는 것이다. 나는 할 수 없다는 자포자기를 이겨내는 것이다. 타인의 시선으로부터, 타인의 평가로부터 좀 더 자유로워지는 것이다. 지금처럼 살아온 나를 지금부터 나답게 살아가겠다고 외치면 어색할까? 한 번도 가보지 않았던 길, 한 번도 경험하지 못했던 일들이 발생하면 너무 혼란스러울까?

포모FOMO, Fear Of Missing out**신드롬**에 빠져 한동안 바람이 불었던 비트코인 열풍, 지금 불고 있는 주식투자, 부동산투자 등등. 유행에 뒤처지는 것에 대한 두려움, 조직이나 단체에서 소외되는 것에 대한 불안감, 가지고 있는 무언가를 잃어버릴 것 같은 초조감, 부자가 될 수 있는 절호의 기회를 놓치고 싶지 않은 마음들은 이미 익숙한 것들이다. 다른 사람들이 떼돈을 벌었다 하면 상대적 박탈감을 느낀다. 그래서 자신도 모르게 남들이 하는 것을 따라 한다. 그래야 불안감과 두려움에서 벗어난다. 남들이 하는데 나라고 못 할까 하면서 불빛을 향해 뛰어드는 불나방을 보고 메뚜기도 달려들고, 숭어가 뛰니 망둥이도 뛰고 망둥이가 뛰니 꼴뚜기도 뛰는 꼴이다. **내가 아닌 타인의 시선으로 살아가는데 길들여진 삶이다. 그러면서** FUD(Fear Uncertainty Doubt, 공포 불확실성에 대한 의심)에 함몰되어 걱정이 태산이다. 이슈가 발생하면 더 하락할까 불안에 떤다. 그러다가 차츰 누구도 믿지 못하게 된다. 이미 익숙한 경험들이다. 타인에 대한 불신과 사회에 대한 의심의 저주가 불타오른다면, **나는 나만 믿고 너는 너만 믿게 되니 우리는 누굴 믿게 될까?** 어느 날 갑자기 시골집 외할머니의 묵은 손맛이 뚝배기에 담긴 채 봄바람 타고 이사 온다면 어떤 맛일까? 익숙한 맛일까? 어색한 맛일까?

13
살면서 느끼는 기분 좋은 일들!

까만 밤 툴툴 털어내고 하얀 이불 훌훌 걷어내고 잠에서 깨어나 새날의 아침을 선물로 받는다. 고맙고 감사할 일이다. 하루살이의 삶이 아니기에 우리들은 모두 오늘이라는 귀한 선물을 받게 된다. 날마다 갈망해왔던 아름다운 선물을 받으면 기분이 좋은 것처럼 선물을 받으면서 시작하는 하루는 무조건 기분이 좋아야 한다. 지나온 삶이나 내일의 삶이 모두 기쁨이고 선물이면 좋겠다. 상쾌하게 시작하는 오늘의 삶 속에서 제법 쏠쏠한 재미를 찾고 느껴보려 한다. 새끼줄을 길게 꼬려면 볏짚을 손바닥으로 비비면서 다른 볏짚을 이어서 밀어 넣어야 한다. 그래야 끊어지지 않고 준비한 볏짚만큼 이어갈 수 있다. 살아가는 동안 **어제의 추억에 오늘의 즐거움을 잇대어야 아름다운 흔적들이 기다란 새끼줄에 주렁주렁 매달리게 된다.** 수많은 사람들과 관계를 엮다 보면 그 속에서 느끼는 감정도 시시때때로 다를 것이다. 즐겁고 기분 좋은 뽀송뽀송한 느낌,

왠지 불편하고 싫은 질퍽거리는 느낌, 오랫동안 기억하고 싶은 달달한 느낌, 빨리 털어내고 잊어버리고 싶은 씁쓸한 느낌 등등.

비단 사람과의 관계에서뿐만 아니라 어떤 사물이나 현상을 마주할 때도 느낌은 제각각이다. 항상 꽃길을 걷는 것처럼 즐겁고 향기나는 일만 있는 것도 아니고 항상 시궁창의 고린내 나는 것처럼 슬프고 고약한 일만 생기는 것도 아니다. 나에게는 기분 좋은 일이 다른 사람에게는 기분 나쁜 일일 수도 있다. 느낌의 다름, 생각의 다름, 바라봄의 다름, 환경의 다름 등이 있겠지만 **누구에게나 기분 좋은 일은 반드시 생긴다.** 삶의 고통이 너무 힘들어 눈을 뜨면서 아직 살아있음에 화가 난다는 사람도 있지만 그래도 살아서 움직일 수 있다는 것이 훨씬 더 고마운 것이다. 창문을 열고 밤새 안녕하셨냐고 안부를 물어주는 까치를 만나보라. 그러면 기다리던 소식이 찾아올까 하는 기대감에 하루 종일 기분이 좋다. 뽀드득 소리나게 설거지를 끝낸 듯 파란 하늘을 마주하면 편안한 느낌이 더 크게 다가온다. 변비가 심해 며칠 동안 힘들어하다 시원하게 해소하였을 때는 날아갈 듯 상쾌함을 느낀다. 밤새 여기저기 쑤시던 통증들이 아침 햇살에 모두 떠나갔을 때는 기분이 더 통쾌하다. 엘리베이터를 함께 탄 아이들이 반갑다고 인사를 할 때, 시간에 쫓겨 허겁지겁 뛰어가는데 건널목 신호등이 녹색등으로 바뀔 때, 숨을 헐떡거리며 달려가는데 버스가 출발하지 않고 기다려 줄 때, 지하철역에 도착하자마자 지하철이 막 다가왔을 때, 20층에 있는 사무실까지 올라가야 하는데 엘리베이터가 막 도착했을 때, 필요한 물건들이 잘 정리되어 있어 곧바로 일을 시작할 수 있을 때 왠지 기분이 좋다. 산을 오르면서 얼마나 남았을까 하고 머리를 들어보니 정상이 바로 코앞일 때 나도 몰래 야호를 외친다. 향기 나는 꽃들로 단장된 꽃길을 걷는데 노랑나비가 따라오고 하천 길 지나는데 잉어들이 따라오면 그냥 싱글벙글한다. 막차가 끊긴 줄 알았는데 아직 남아 있을 때, 우산 없이 나갔다가 집에 도착하니 비가 쏟아질 때, 고속도로에서 나의 차선은 막힘없이 속도를 낼 수 있는데 반대편은 꽉꽉 막혀서 거북이처럼 기어가고 있을 때, 서랍을 정리하다 잃어버렸다고 생각한 물건을 발견했을 때, 오래된 차를 수리하러 정비소에 갔는데 생각보다 수리비가 적게 나올 때, 일방통행 길을 잘못 들었는데 마주 오는 차가 빵빵거리지 않고 길을 양보해줄 때 참 고맙고 기분이 절로 좋아진다. 유모차에 누워 있는 갓난아이와 마주쳤는데 그 아이가 울지 않고 웃어줄 때 저절로 미소를 짓게 된다. 깜박 졸고 있는데 아무도 눈치를 못 챘을 때, 바지를 안팎으로 뒤집어 입고 외출했는데 아무도 알아보지 못했을 때는 참 다행이다 하면서 안도한다. 살면서 마주하는 아주 작은 것들이지만 기분이 좋고 나쁨은 마음 한 장, 깻잎 한 장 차이 아닌가요? 바람이 쉬어가는 언덕에 기대어 **봄 햇살로 지친 몸을 지지면서 삶이 생각보다 싱겁다고 소금을 찾고 있지는 않는가요?** 오늘이라는 시간과 사이좋게 보냈는지 돌아보고 반짝이는 밤하늘의 별들에게 기분 좋은 안부를 묻는다.

14
너, 나, 우리가 다정한 이웃으로 사는 법

'나', '너', 우리의 '우'라는 글자를 자세히 들여다보면 매우 흥미로운 점을 발견할 수 있다. 작은 작대기 하나이지만 나의 'ㅏ'는 밖으로 너의 'ㅓ'는 안으로 우의 'ㅜ'는 아래로 향하고 있다. 각각 나아가고자 하는 방향이 다르다. 밖으로만 나아가려 하는 ㅏ와 안으로만 끌어당기려는 ㅓ 사이에서 ㅜ가 양쪽으로 팔을 벌리고 서서 좌우를 위아래로 적절하게 조정하고 있다. 등불을 켰다 껐다 하는 스위치처럼, 둔탁한 혈액을 받아서 깨끗한 혈액으로 바꾸어 내보내는 허파처럼, 물건을 사고파는 사람 사이에서 중개자 역할을 하고 있는 것처럼 보인다. 너와 내가 서로 마주 보고 있으면서 같은 방향인 오른쪽이나 왼쪽으로 몸을 돌려 보자. 그러면 시선이 교차하지 않는다. 서로 뒤돌아서서 같은 방향으로 머리를 돌려도 끝내 눈빛이 마주칠 수 없다. **나는 왼쪽으로 너는 오른쪽으로 각자 다른 방향으로 돌려야 서로의 얼굴을 바라볼 수 있고 시선을 교감할 수**

있다. 여기에서 사고의 폭을 좀 더 넓혀보자. 내가 화를 내고 있는데 네가 동시에 화를 낸다면 마음이 소통할 수 있을까? 내가 화를 내고 있을 때는 네가 조금만 참고 기다려 주면 우리라는 공동체가 아름답게 만들어질 수 있을 것이다. 내가 가지고 있는 것이 풍족하고 넘친다면 너에게 아낌없이 나누어주고, 내가 절실하게 필요한 것이 있으면 네가 형편 되는대로 보태주고 도와준다면 우리라는 기둥이 굳건하게 세워질 것이다. **서로 넘친다고 주려고만 하거나 서로 부족하다고 달라고만 하면 결코 주고받음이 없을 것이다.** 서로 양손에 물건을 잔뜩 들고 있으면서 내가 주는데 왜 안 받느냐고 화를 낸다거나, 양손에 아무것도 가져오지 않고서 안 준다고 서운해하고 화를 내면 어찌하란 말인가. 동시에 주고받으려 한다면 줄 수도 받을 수도 없을 것이다. 왼쪽 사람이 주려 하면 오른쪽 사람이 받아주면 될 것이다. 이쪽 사람이 받고자 하면 저쪽 사람이 내어준다면 주고받음이 생길 것이다. 그런 과정을 거쳐 우리라는 아름다운 공동체가 이루어질 수 있다.

내어주려는 나의 마음과 받아주려는 너의 마음이 한 데 어울릴 때 더불어 살아가는 우리들은 행복함을 느낄 것이다. **부드러운 비단도 씨줄과 날줄이 서로 엉키며 어긋나게 짜져야 튼튼해지는 것**이고, 식물의 잎사귀들도 방향을 달리하며 서로 어긋나게 솟아나야 햇볕을 잘 받을 수 있고 바람도 잘 통하게 된다. 평행선을 끝까지 달려가면 결코 만날 수 없고, 누군가가 먼저 어긋나게 걸어야 만나게 된다. 이웃과 관계를 맺으며 더불어 사는 것도 이와 같은 것이다. 내가 먼저 다가가야 이웃이 다가오고, 내가 먼저 손 내밀면 상대방도 내민 손을 잡아준다. 그래서 공감이 이루어진다. 내가 먼저 물어야 상대방도 내가 원하는 대답을 한다. 그러면 대화도 소통도 순하다. 내가 다가가지 않고 손 내밀지 않고 묻지 않으면 **나는 나일 뿐이고 너는 너일 뿐이고 우리들은 각자의 우리 속에 고독한 작대기로 갇혀 있게 된다.** 나는 고집스럽게 변하지 않으면서 너만 새롭게 변하라고 한다. 나는 걸으면서 너만 뛰라고 한다. 나는 속도를 줄이지 않으면서 너만 속도를 줄이라 한다. 나는 하지 않고 너만 하라고 한다. 나는 짧은 지름길로 가고 너는 멀리 돌아오라 한다. 나는 좋은 일 편한 일만 하고 너는 나쁜 일 힘든 일만 하라고 한다. 그러면 우리들이 사는 세상에서 평등과 정의 그리고 공정의 가치는 결코 아름답지 않게 될 것이다.

황소 등에서 털 하나 빠진다고 표시가 나겠는가, 사나운 바람에 방귀 좀 뀌었다고 냄새가 남아 있겠는가, 흘러가는 강물에 침 한 방울 튀었다고 색깔이야 변하겠는가 하는 얄팍한 마음, 보이지 않는 마음이라고 함부로 내던지지 말자. 성경에서도 '우리의 돌아보는 것은 보이는 것이 아니요 보이지 않는 것이니 보이는 것은 잠깐이요 보이지 않는 것은 영원함이니라'(고후 4:18) 고 강조했었다. **보이지 않는 것이 보이는 것을 드러나게 한다.** 내 생각, 내 행동, 내 모습이 온 세상에 드러나고 까발려질 때 하얀 얼굴이 붉혀지지 않을 정도면 족하지 않을까?

15
반쪽짜리 미소는 얼마짜리여?

특별한 날이면 꽃다발을 선물하는 데 익숙하다. 꽃은 겉보기에도 아름답지만 속마음도 향기롭다. 꽃잎들이 모두 달려 있는 꽃은 부챗살 펴지듯 활짝 웃고 있어 사람들의 눈길 손길을 사로잡는다. 꽃잎들이 꽉 차 있어야 제값을 받을 수 있다. 싱싱한 꽃도 꽃잎이 하나라도 떨어지면 제값을 받기 어렵다. 때로는 팔지 못하고 버릴 수도 있다. 눈송이는 흩어지면 예쁘지만 꽃송이는 뭉쳐 있으면 더 아름답다. 탐스러운 꽃송이에서 떨어진 꽃잎 하나는 얼마짜리일까? 언텍트 시대라 하면서 온라인 접촉이 중시되니 핸드폰을 이용한 소통의 시간이 많아졌다. 기술의 발전 속도가 빠르고 다른 사람들과 원활한 소통을 위해 핸드폰 교체 주기도 갈수록 짧아지고 있다. 가격은 덤으로 비싸지고 있다. 방금 새로 구입한 핸드폰을 떨어트려 액정 모퉁이에 흠이 생겼다면 어찌할까? 어찌어찌 사용할 수는 있지만 사용할 때마다 속이 상할 것이다. 눈엣가시다.

마음을 쓰게 하는 이 흠은 얼마짜리일까? 반짝이는 보석은 희귀성稀貴性 덕분에 사람들이 목숨 아끼듯 깊이 간직하고 싶어 한다. 완벽할수록 값도 비싸다. 휘황찬란輝煌燦爛한 보석 한쪽 귀퉁이에 전문가의 눈에만 보이는 머리카락보다 가는 불순물이 있다면 어찌할까? 보통 사람들은 진품이라 여기며 뽐내고 차고 다니겠지만 팔기 위해 감정을 받는 순간 그 불순물의 가치는 얼마짜리가 될까?

아삭아삭 잘 익은 사과는 참 맛있다. 먹어도 먹어도 또 먹고 싶다. 그래서 한 상자를 더 사 와 맛있게 먹고 있는데 그 안에 벌레 먹은 사과가 하나 있었다. 갑자기 맛있게 먹었다는 즐거운 마음이 한순간 사라진다. 맛있는 기분을 잡치게 하는 이 벌레 먹은 사과의 값은 얼마짜리일까? 보름달도 아닌 것이 보름달인 양 예쁜 얼굴을 가린다. **마스크가 나의 비싼 미소를 앗아간다. 빛을 키워가는 초승달이 아닌 빛이 줄어드는 하현달이 되어간다.** 다시 또 어둠으로 가려지려나? 웃을 일 없는 시절에 얼굴에 피는 잔잔한 미소마저도 제대로 볼 수가 없다. 웃는다고 웃어도 미소가 보이지 않는다. 마스크 속에 반쯤 가리어진 백만 달러짜리 미소여! 따뜻한 봄날에는 아지랑이 타고 성큼성큼 오겠지?

사진을 찍다 보면 대부분 하나 둘 셋 할 때 웃는다. 하지만 얼굴 근육이 진통제의 마술에 걸린 듯 오히려 딱딱하게 굳는다. 자연스럽지 못하고 어색해 보인다. 이는 평소에 잘 웃지 않았다는 증거다. **누구나 웃는 표정으로 찍히기를 바라지만** 정반대의 결과가 나타난다. 찍는 순간을 모르게 살짝 찍은 모습이 더 자연스럽고 편안해 보인다. 의식적인 가면을 벗기 때문이다. **얼굴은 영혼의 반영이고 마음의 초상화**라 하는데 찡그리고 있는 것 보다 웃는 모습이 더 낫지 않겠는가? 하늘 한번 쳐다보고 피식하고 웃어보자. 미소는 사람들의 표정 중에서 가장 아름답다. 얼굴을 파는 아름다운 꽃이다. 자신의 외모를 가장 저렴한 비용으로 가장 값비싸게 바꿀 수 있는 것은 미소밖에 없다. 웃어라. 그러면 세상이 따라 웃을 것이다. **크게 웃고 함께 웃고 힘들 때도 웃어보자.** 상대가 하얀 이를 드러내고 웃는다면 드러난 이를 함께 세어 보자. 그러면 면역력이 새롭게 중무장하여 코로나19를 퇴치할 것이다. 햇빛은 하얀 세상에 밝음을 주고 달빛은 검은 어둠을 밀어내고 가로등은 고샅에 길을 내어준다. 미소는 이웃에게 밝음을 주고 믿음을 주고 평화를 준다. 미소는 공짜지만 가장 비싸게 팔린다. 유통기한이 없고 보관이 용이하다. 언제든지 꺼내어 쓸 수 있고 아무 때나 무한정 나누어줄 수 있다. 미소는 번개처럼 스쳐 가지만 많은 일을 하고 지나간다.

웃는 것도 실력이다. 웃음으로 미소로 나를 비싸게 브렌딩 해보자. **세상은 나의 웃음 따라 웃고 나의 울음 따라 운다.** 삶은 타인을 만나 내가 가지고 있는 무언가를 팔고 내가 가지고 있지 않은 무언가를 사 오는 것의 연속이다. 내가 가지고 있는 것 중에서 가장 쉽게 가장 비싸게 팔 수 있는 것은 오직 예쁜 미소와 웃음뿐이다.

제4장

따뜻한 말에 마음이 머물다

1
덕분에 배부른 하루를 보냈습니다

20년이 넘도록 연락 한번 없던 친구로부터 갑자기 저녁 한 끼 하자는 전화가 왔다. 너무나 고맙고 설렜다. 그러면서도 혹시 무슨 안 좋은 일이 생긴 걸까? 나쁜 일은 아니겠지 하는 생각들로 머릿속이 복잡했지만 들뜬 마음은 감출 수가 없었다. 제발 좋은 소식이기를 기대하며 산뜻한 발걸음으로 약속 장소에 나갔다. 전화를 걸어온 사람이 내가 받을 것이 있었는데 돌려주지 않고 연락이 끊긴 사람이라면 일이 잘되어서 그 물건을 돌려주겠다고 할까 하는 생각으로 기분이 좋고 행복한 상상을 하겠지만, 내가 신세 진 것이 많고 갚아야 할 것이 넘친 사람이라면 그 빚을 당장 갚으라고 독촉하면 어떡하지 하는 걱정이 앞서고 불편한 생각이 들 수도 있을 것이다. 그 친구는 여기저기서 돈을 빌려 사업을 크게 벌이다 잘못되어 오랫동안 연락을 끊고 잠적을 했었기에 어떻게 지내고 있는지 무척 궁금했었다. 만나보기 전까지는 지레짐작 넘겨짚을 필요가 없고 또한 서둘러 걱정할 일은 아니지만 여러 가지의 생각들이 떠올랐다. 내가 먼저 연락하면 부담을 느낄까 하여 연락이 올 때까지 오랫동안 참고 기다리고 있던 친구였다. 핸드폰 번호가 바뀌어도 몇 번은 바뀌었을 긴 시간이 지났는데 용케도 나의 연락처를 알아내고 연락을 해왔으니 이 얼마나 고맙고 감사할 일인가. 혹여 약속 시간에 늦어 그 친구를 못 보면 어쩌나 하는 조급한 마음에 발걸음이 더욱 빨라졌다. 약속한 식당에서 친구를 보자마자 그동안의 안부를 물을 새도 없이 그의 안색과 옷차림새부터 스캔하고 있는데 '그냥 잘살고 있나 궁금하기도 하고 신세 진 것도 많아 편하게 저녁 한 끼 하고 싶어 보자 했다'라고 한다. 그 말을 듣고 나서야 긴장했던 마음이 살짝 놓이니, 맛있는 음식을 실컷 멋들어지게 먹을 수 있었다. 이 한 끼 식사가 옛날 왕들이 먹던 산해진미 수라상보다 더 귀하고 배부른 저녁이었다. 더구나 고급진 안부에 그동안 끊어졌던 정과 웃지 못할 사연을 보태니 윤기가 자르르 흘러 한동안 배부름이 꺼지지 않았다. 주문한 음식의 값을 모두 지불했다고 하니 본전 생각이 나서 배가 불러도 꾸역꾸역 평상시보다 더 많이 먹었다. 뇌가 '그만 먹어' 하기도 전에 너무 많이 먹어버렸을까? **한 입 먹고 한 입 쉬어야** 하거늘 쉬지 않고 먹어댔으니 위도 무척 힘들어했다. **마음이 배부르고 기분이 배부르고 느낌이 배부르게 먹었다.** 오랜만에 만난 친구의 마음도 입맛도 무시한 채 서둘러 나의 배만 채운 것은 아닌지 조금은 후회스러웠다.

음식끼리도 서로 잘 맞는 궁합이 있는 것처럼 누구와 함께 먹느냐에 따라 맛이 다르다. 똑같은 음식을 먹어도 먹은 듯 마는 듯 깨작거리지만, 배가 거북하고 개운치 않은 때가 있고 넘치도록 맛있게 많이 먹어도 소화가 잘되기도 한다. 음식도 입으로만 먹는 것이 아닌 마음으로도 먹는 것이라는 생각이 든다. 손끝으로 양념하고 마음으로 버무리면 더 맛있는 음식이 될 것이다. **맛있는 음식을 멋있는 사람과 먹는다면 행복한 시간이 될 것**이고 배부른 한 끼가 될 것이다. 빽빽하게 적힌 메뉴판의 수많은 음식보다 내 입맛에 딱 맞는 맛있는 반찬 한두 가지면 족하지 않을까? **먹지 않아도 배부른 것은 항아리**라 우기고 굶어야 배가 부르다고 하는 사람도 있지만, **지식은 채우지 않으면 보릿고개 곳간 비어가듯 머릿속이 텅 비어가고** 지혜도 늘어나지 않는다. 오뉴월 가뭄에 저수지 물 보타지듯 말라간다. 나를 살찌우는 밥은 날마다 먹어야 하고 나를 가치 있게 해주는 사람도 날마다 만나야겠지요.

오늘도 누군가를 만나서 맛있는 식사와 함께 새로운 지식도 늘리고 삶의 지혜도 살찌는 감사가 넘치는 하루를 보낼 수 있으면 좋겠다. 너보다 더 많이 벌어서 배부른 게 아닌 너보다 더 많이 베풀어서 배부른 하루, 너보다 더 많이 먹어서 배부른 게 아닌 너보다 더 많이 나누어서 배부른 하루, 너보다 더 부자가 되어서가 아닌 너보다 더 가치 있는 사람이 되었음에 배부른 하루, 너보다 더 많은 칭찬을 받아서 '덕분에'를 더 큰소리로 외치는 하루, 내일도 **나의 빈속을 채워줄 찰떡궁합의 인연을 만나 마음이 더 배부른 하루가 되기를 빌어본다.**

2
그리움 너머에?

온라인과 오프라인에 숨어 있는 미세한 감정의 차이는 무엇일까? 그 알쏭달쏭한 속내를 뒤집어 보고 싶었다. 코로나19 이후 콘택트, 언택트, 비대면, 비접촉, 온라인 수업, 재택근무, 사회적 거리, 물리적 거리, 건강한 거리 두기, 코로나 테러리스트, 바이러스 테러 등의 단어가 온종일 뉴스의 대부분을 차지하고 있다. 코로나19 바이러스가 처음 발견되었을 때는 바이러스에 감염되면 죽을 수도 있다는 공포감이 온 사회를 짓눌렀다. 그러다가 날이 지날수록 감염 확진 후 사망률이 낮아지고 감염자 수가 줄어들자 마치 자기 몸에 강력한 항바이러스 면역력이 생기기라도 한 듯 조심하지 않고 건방을 떨고 또한 감염되는 것조차 두려워하지 않는 무모함이 생겨났었다. 그런데도 혹시나 나 하나로 인하여 다른 사람들에게 불편함을 줄 수 있다는 조심스러운 마음과 감염자라고 낙인烙印찍히는 창피함과 격리되고 고립되는 두려움이 조금은 남아 있어 다행이었다. 지금은 **코털 끝에 매달린 재채기**마저 다른 사람들의 눈치를 봐야 하는 세상이기에 절제의 미덕 배려의 아름다움 청결의 생활화가 절대적으로 필요하다. 지금까지 무시로 연락하고 시끌벅적 만나왔던 다른 사람들과의 소통이 산사태로 싹둑 막히고 끈끈하게 이어지던 따뜻한 마음이 장대비에 퐁당 휩쓸려 떠내려가니 별빛 없는 밤하늘, 자유 없는 감옥소에 갇힌 듯 고립된 격리의 생활을 못 견뎌 한다. 그러면서 **소금 뿌려진 들통 속의 미꾸라지처럼 바깥세상으로 뛰어나가려 발버둥을 친다.** 이 와중에 바람을 좋아하는 가오리연을 쫓아 꼬리를 무는 태풍마저 방문을 걸어 잠그게 하고 있다. 다른 사람들과 관계를 맺으며 살아가는 것이 사람들의 욕구 중의 하나일 것이다. 그래서 잊혀진다는 것은 곧 내버려지는 것이고 관계가 끊어지면 곧 죽음으로 이어진다고 생각한다. '흩어지면 살고 뭉치면 죽는다' 하고 '**흩어지는 게 연대**'라고 주장하는 상식이 뒤집히는 시절이다.

'**온라인**On-Line'은 연결되어 있고 '**오프라인**Off-Line'은 연결되어 있지 않다는 뜻이지만 요즘에는 언택트(Untact, 비대면 접촉)로 대표되는 온라인은 함께 있지 않으면서도 하나로 연결된다는 것이고, 콘택트(Contact, 대면 접촉)로 대표되는 오프라인은 함께 모여 있지만, 개개인이 떨어져서 연결되어 있지 않다고 해석하는 듯하다. 온라인 수업은 각자의 집에 떨어져 있으면서 기계적으로 연결하여 수업을 하는 것이고 오프라인 수업은 함께 한곳에 모여서 수업을 하는 것을 말한다. 다정한 느낌이나 펄떡이는 감정도 없는 네

모난 화면을 통해 마주 볼 수 있으면 모두 연결이 되는 것이고 기계를 통하지 않고 직접 모이면 연결이 안 된다는 것인지 참 이상하다. 혼자서는 외로워 바이러스 없는 온라인으로 모여들고 바이러스 감염이 무서워 오프라인으로 뿔뿔이 흩어진다는 것일까?

조류독감이 번지면 가금류家禽類들이 수난을 당하고, 돼지열병이 퍼지면 돼지들이 괴롭고, 구제역이 발생하면 소들도 힘들어한다. 코로나19가 사람 곁을 떠나지 않으니 사람들도 울타리 없는 우리에 갇힌 신세다. 감염병이 발생한 지역에서는 가축을 이동시킬 때 길목마다 검역과 소독을 하고 일부는 이동이 통제되는 것처럼 코로나19는 사람들의 아름다운 영혼마저 가축 수준으로 격하시키고 있다. 무시로 드나들던 곳을 들어갈 수 없고 때로는 검역을 당해야 하고 때로는 길게 줄을 서야 하고 때로는 입으로 말을 해서는 안 되고 눈짓 손짓 몸짓으로 말을 해야 하는 기막힌 상황이 지속되고 있다. 조만간 끝나리라는 믿음이 있어 견딜 수 있고 금방 좋아지리라는 긍정의 힘으로 버티고 있는데 끝날 듯 끝나지 않으니 고립과 단절의 두려움이 한층 더 커지고 있다. **너와 나의 단절을 상징하는 각양각색의 마스크가 나의 얼굴 나의 본 모습을 가린 채 아름다운 나의 마음마저 가로막을까 두렵다.** 고달프고 배고픈 삶도 외롭고 고립된 삶도 꿋꿋하게 이겨낼 수 있도록 스스로 소통의 징검다리가 되어보자. 칼바람 태풍에도 절대로 끊어지지 않고 반짝반짝 빛나는 **그리움의 전깃줄**을 이어보자.

3
빈손과 빈 속

주말이면 습관적으로 아파트 근처에 있는 하천을 찾는다. 흐르는 물살이 느릿느릿 빠르지 않아 그 속도에 맞추어 걸음을 옮기곤 한다. 간혹 잉어와 함께 걷기도 한다. 조금 포근해진 날씨 때문인지 평소보다 많은 사람이 나와서 달리기도 하고 자전거도 타고 산보도 하고 있어 마음이 편치 않아 눈이 바쁘게 쉬어갈 자리를 찾았다. 사람들의 왕래가 조금 덜한 곳에 황소 엉덩이만 한 바위가 있어 쉬어가기에 안성맞춤이었다. 그 자리를 나에게 양보해준 다른 사람들에게 고마운 마음이 들었다. 참 다행이라 생각하면서 **밀린 숙제하듯 오래 묵은 생각들을 머릿속에서 비워나갔다.** 그리고 보물찾기하듯 한 구절 한마디를 새롭게 채우기를 하고 있었다. 잠깐 지나가는 구름을 쳐다보려 머리를 들어보니 구름은 간데없고 동서남북 사방에서 비둘기 네 마리가 **배고픈 눈을 깜박거리며** 다가올 듯 말 듯 나를 쳐다보고 있었다.

“나는 줄 것 없는 빈손, 너는 채울 것 없는 빈 속, 나는 주지 못해 속상한 빈털터리, 너는 받지 못해 배고픈 떨거지, 떠나지 못하는 나를 지키는가, 빵부스러기 흘러내리기를 기다리는가, 차마 돌아갈 수 없는 나, 차마 뒤돌아볼 수 없는 너”라는 시구를 네모난 바위에 새기었다.

비둘기들이 떼를 지어 날아다니는데 저 네 마리만 왜 나에게 다가오는 것일까? 그 무리 중에서 제일 똑똑한 녀석들인가? 영리하게도 사방을 둘러싸고 원을 그리듯 엉금엄금 살금살금 내 곁으로 다가온다. 나는 옴짝달싹 못하고 전기에 감전된 듯 미라같이 굳은 몸으로 그 녀석들을 바라보고 있었다. 여덟 개의 눈망울이 쉴 새 없이 나를 감시하며 포위망을 조금씩 좁혀오고 있었다. 초병의 초조한 눈을 감춘 채 둥근 센서를 지닌 로봇처럼 나의 미세한 움직임을 놓치지 않으려 눈을 부릅뜨고 있었다.

사회적 거리두기로 축하할 일도 많은데 한데 모여서 축하할 수도 없고, 기뻐할 일도 많은데 함께 기뻐할 수도 없고, 슬퍼할 일도 많은데 마음 보태어 슬픔을 쪼갤 수도 없고, 위로할 일도 많은데 가까이 다가가서 위로할 수도 없는데, 저 녀석들은 거리낌 없이 내게로 다가온다. 너와 나 사이에도 마음의 거리두기가 필요한 것 아닌가?

서로 빈손이 되고 보니 미안하고, 서로 빈 속이 되고 보니 허전하다. 엄마 품 떠난 지 오랜 세월이라 따뜻한 정에 굶주리고, 일회용 식품에 갇혀 살다 보니 구수한 된장국에 허기지니 먹는다고 하지만 배고픔만 쌓이고 민망함만 늘어난다. 그 녀석들의 두 눈에 서린 배고픔을 마주하다 보니 그 자리에 계속 앉아 있기가 참으로 옹색하다는 생각이 들었다. 지키고 있으면 무언가 좋은 것이 나오리라, 무언가 먹을거리가 쏟아지리라 굳게 믿으면서 여덟 개의 눈이 사방을 가로막고, 한 치의 흔들림도 없이 내 곁을 지키는 호위무사가 되었다. 차마 두 눈으로 볼 수 없어 한눈을 가늘게 뜨고 그 녀석들을 바라본다. 날선 칼날 위에 서서 서로 눈치 싸움을 하고 있다는 느낌을 지울 수 없다. 머리카락이 삐죽삐죽 거린다. 예리한 센서가 작동하면서 '움직이면 쏜다, 너는 포위됐다'라고 외치는 소리가 귓전을 때리는 듯하다. 거참, 배불뚝이 상사와 마주한 채 색색거리며 올라오는 엘리베이터를 기다리는 그 짧은 시간처럼 숨 쉬는 것조차 어색하고 불편하다. 배고파 우는 아이에게 젖을 물리 길 없는 엄마의 애절함이 바람에 날린다. 어린아이에게 쌩쌩 불어대는 칼바람에 빨갛게 물든 귓불을 감싸주는 귀마개 하나 걸쳐주지 못하는 아버지의 찢어지는 속상함도 강물 따라 흐른다. 낚시코에 걸린 미끼의 꼬리 한 점 떼어먹어 보려 하니 그새를 못 참고 잡아채는 낚시꾼을 바라보며 물고기가 입맛을 다신다. **먹지 못하게 해서 얄밉다는 생각과 낚시코에 걸리지 않아서 다행이구나라는 생각이 교차**하지만, 그래도 아쉽다고 한숨 쉬는 소리가 물거품으로 일어난다. 어묵을 튀기는 냄새에 빈 속의 배고픔이 꼬르륵 꾸르륵 천둥소리 요란하지만, 그 유혹을 꾹꾹 참아내는 샐러리맨들의 퇴근길이 생각난다. 호주머니 속을 은근슬쩍 더듬는 손놀림의 허전함도, 그냥 빈손이어서 허기진 쓸쓸함도, 갑자기 윙윙거리며 날아오는 비행기가 고맙다. 빙그레 웃으며 조용히 일어서는 나에게 서운하다는 듯 미안하다는 듯 비둘기들이 고개를 연신 끄덕거린다. 빈손이어서 미안하다고, 빈 속이어서 배고프다고 서로 말은 하지 않았지만 우리들은 눈짓으로 헤어짐을 용서했다. '그래도 괜찮아'하고 서로를 위로해주었다. 내쫓지 않고 그냥 편하게 바라봐 주고 네 곁에 있게 해줘서 고마워 라고 하면서 고개를 숙이며 감사의 인사를 하고 있는 비둘기가 고맙다. 비둘기조차도 고맙다고 인사를 하는 모습을 보면서 **감사를 잃어버린 사람들**에게 이런 말을 해주고 싶다. '감사할 거리는 거창한 것도 멀리 있는 것도 아니다. 내 주변에 널려 있다. 다만 **내 마음이 감사하고 싶지 않기 때문에 볼 수 없는 것**이다'. 오늘도 그 녀석들을 만날 수 있을까 기대 반 기다림 반으로 그 길을 걸어본다. 호주머니 속에 빵 한 조각 넣고서 그 강물을 따라 소리 없이 걷는다.

4
꼴찌에게 고맙다고 말해!

우리가 살아가는 동안 어떠한 형태로든지 시험을 치지 않을 수 없고 다른 사람의 평가를 피할 수 없다. 평가자이면서 평가의 대상이 될 수밖에 없는 것이 현실이다. 독불장군獨不將軍이 아니기에 언제나 등급과 순위가 매겨진다. **자신이 원하든 원하지 않든, 1등을 하든 꼴찌를 하든 순위는 정해진다.** 순위는 숫자로만 표시되는 것이 아니다. 매우 잘함과 매우 못함이라는 것도 순위를 매긴 것의 일종이다. 다른 사람을 보는 순간 경쟁자가 아니지만, 그 상대방에 대하여 평가를 하게 된다. 좋은 사람과 나쁜 사람, 호감이 가는 사람과 비 호감인 사람 등등.

1등이라는 자리를 차지하고 있는 사람은 많은 사람으로부터 질투의 대상이 되기 쉽다. 왜냐하면 내가 차지해야 하는 1등을 그 사람에게 빼앗겼다고 생각할 수도 있기 때문이다. 경쟁하는 과정에서 공정성을 떠나 무조건 1등을 하고 싶은 욕망은 누구나 지니고 있다. 요즘 1등만을 기억하고 1등만이 대접받는 세상이 되다 보니, 너 나 없이 목숨 걸고 1등을 하려 한다. 1등을 하면 경쟁에 참여했던 사람들이 모두 자신보다 밑에 있으니 우쭐해지는 기분은 피할 수 없을 것이다. 반면에 꼴찌를 하는 사람도 반드시 존재하게 된다. **꼴찌를 하는 사람에게 우리들은 고맙다고 말해줘야 한다.** 왜냐하면 그 꼴찌 덕분에 행복을 느끼고 있기 때문이다. 꼴찌 덕분에 나의 등수가 한 등급 올라갔다는 사실이다. 그러니 이 얼마나 고마운 일인가. 꼴찌는 나를 위해 1등급 희생해준 고마운 사람이고, 1등을 하는 사람은 나의 등수를 한 등급 밀어낸 얄미운 사람이다. 1등을 하고 싶은 사람은 많은데 1등을 할 수 있는 사람은 한 명이다 보니 불행을 느끼는 사람도 그만큼 많아진다. 모두가 1등을 할 수 없기 때문이다. **모두가 1등을 할 수 있는 방법은 딱 하나, 각자의 방향으로 끝까지 뛰면 된다.** 꼴찌가 세상을 아름답게 만든다. 꼴찌가 세상 사람들에게 행복을 느끼게 해준다. 꼴찌가 세상 사람들에게 긍지와 자부심을 심어준다. 그러니 꼴찌에게 고맙다고 말해야 한다. 무시하지 마시라. 꼴찌라 해서 무시당해야 할 이유가 전혀 없다. 우리들은 가장 쉬운 것이지만 아무나 하지 못하는 것이 있다. '행복하다고 생각하기'라는 것이다. **행복하다고 생각하는 순간 우리들은 행복을 느낄 수 있고 실제로 행복해진다.** 그런데도 행복하다고 생각하지 않고 오히려 불행하다고 노래를 부른다. 그러면서 점점 불행한 사람이 되어간다. 꼴찌와 1등을 바라보면서, 비교의 악마가 나타나면 결코 행복하다고 느끼지 못한다. 생각을 바꾸는 데 돈이 드는 것도 아닌데 생각을 바꾸는 것이 힘들다. 오히려 바꾸지 않으려고 애를 쓰는지 모르겠다. 오늘은 그냥 꼴찌에게 미안하다고 말해 보자. 꼴찌에게 감사하다고 말하자 그리고 그를 배려하자. 그는 나의 무거운 짐을 저 밑바닥에서부터 짊어지고 있는 것이다. 나를 대신해서 맨 밑에서 주춧돌처럼 드러누워 있는 것이다. 꼴찌가 없으면 다른 사람 중의 한 명은 꼴찌가 되어야 하고, 주춧돌이 없으면 그 기둥은 무너질 수밖에 없을 것이다. 그러니 꼴찌를 잘 관리해야 한다. 고맙다고 말해야 한다. 그 사람이 없으면 내가 꼴찌가 될 수 있다. 그 꼴찌가 떠나가거나 나보다 더 잘해서 내 위로 올라선다면 결국 꼴찌는 내 몫이 된다. 그러니 꼴찌에게 고맙다고 말해야 한다.

꼴찌라서 행복해하는 사람은 없다. 하지만 꼴찌를 벗어날 수 있는 희망과 기대가 있으니 행복하다고 생각할 수는 있다. 앞 등수에서 있는 사람, 위 등수에 군림하는 사람을 언제든지 잡아당기고 끌어내려서 순위를 바꿀 수 있는 기회는 오로지 꼴찌에게만 있는 것이다. 1등 자리에서 내려오기 싫으니 스트레스만 늘어 간다. 더 올라갈 곳이 없으니 열정도 줄어든다. 자칫 잘못하면 미끄러져 내려올 수밖에 없다. 지금까지 받아온 대접들이 한순간 사라질 수 있다는 불안감에 사로잡혀 산다. 그러다 보니 1등을 하면서도 홀가분한 행복을 느끼지 못할 수 있다. 1등 성적이 1등 불행이 될 수도 있다. 더 이상 내려갈 곳이 없는 꼴찌와 더 이상 올라갈 곳이 없는 1등, **올라갈 꿈이 있는 사람은 기대감이 있어 행복을 꿈꾸고**, 내려갈 수밖에 없는 사람은 걱정 불안에 불행을 안고 산다. '꼴찌에게 말해 고맙다고 말해. 어서 빨리 말해 고맙다고 말해. 안 그러면 너를 꼴찌로 만들 거야. 나도 하고 싶다 1등 하고 싶다. 나도 할 수 있다. 1등 할 수 있다. 나도 이제 1등이라 말할 수 있다. 그러니까 말해 고맙다고 말해. 지금 당장 말해 고맙다고 말해.' 필자가 작사한 '고맙다고 말해'의 일부 내용을 옮깁니다.

5
요즘 좋아 보이네!

해가 바뀌고 새해가 시작되면 여기저기 새해맞이 축하 모임이 많아진다. 만나야 하는 사람도 다양해지고 안부를 묻는 일도 많아진다. 정이 그리워 즐거운 마음으로 모임을 주선하는 사람과 돈이 없다고 시간이 없다고 이 핑계 저 핑계를 대면서 모임 참석을 피하려는 사람들이 한바탕 전쟁을 치르는 시기이다. 일 년 내내 전화 한 통 없고 안부도 물어오지 않아 기억에서 사라지려는 소중한 친구들이 어찌 보고 싶지 않으랴? 그런 친구를 만나면 대충대충 싸구려 안부를 묻기보다는 항상 따뜻한 안부를 물어주는 친구인 것처럼 다정다감한 고급스러운 안부를 물어보자. **결이 다르고 격이 다르고 질이 다르고 속이 다르지만 '잘 지내고 있지?'**, '왠지 얼굴이 좋아 보인다.'라는 간단하지만 야무진 들어서 기분 좋고 자존감을 높여주는 안부를 건네 보자. 친구 얼굴에 잔잔한 미소가 드리워지는 **가슴 떨리는 상큼한 안부**에 아름다운 행복을 담아낸다면 소소한 안부지만 값질 것이다. **내가 먼저 다가가서 마음을 여는 것이** 다른 친구들을 변하게 하는 것보다 훨씬 더 경제적이고 감동적이지 않겠는가? 친구들을 향해 안부를 묻는 말을 예전부터 해왔던 것이고 지금도 하고 있고 앞으로도 계속할 것이다. 이제는 친구가 듣고 싶어 하는 말, 친구가 원하는 안부를 맛있게 예쁘게 표현해보자.

어쩌다 한번 어렵게 참석한 친구에게 '어디 아픈가요', ' 얼굴이 왜 그 모양이냐?', '뭐 안 좋은 일 있는가요', '일이 잘 안 되냐'고 온통 부정적인 안부를 묻는다면 그 친구는 기분이 언짢아질 게 뻔하다. **삼인성호**三人成虎라는 말이 있듯 세 사람이 한 친구에게 어디 아프냐고 묻는다면 건강한 사람도 환자로 둔갑하게 된다. 안부를 어떻게 물어보는가에 따라 건강한 사람이 되고 허약한 사람이 되기도 한다. 그러니 부정적인 말로 안부를 묻는다면 그 친구를 걱정하고 염려해주는 것이 아니라 오히려 더 나쁘게 만든다는 것이다. '하는 일이 잘 되는가 보다.', '왠지 얼굴이 좋아 보인다.', '오늘 복권이라도 당첨되었는가? 기분이 무척 좋아 보인다.', '요즘 운동 열심히 하는가 보네 이전보다 훨씬 건강해 보이는구나.' 등으로 긍정적인 안부를 전해보자. 그러면 곁에 있는 친구는 '나의 눈이 깜박이는 것조차도 헤아리고 있구나.', '나의 속사정을 꿰뚫고 있구나.' 하면서 진심으로 관심을 갖고 배려해주는 것에 고마워할 것이다.

안 좋은 것을 보고 안 좋다 말하고 나쁜 것을 보고 나쁘다 말하는 것은 누구나 할 수 있다. 진짜를 만드는 사람 눈에는 진짜만 보이고 좋아하는 사람 눈에는 좋은 것만 보인다고 한다. 그러나 안 좋아 보이고 나쁘게 보일지라도 듣는 친구를 생각하고 배려한다면, '내가 너에게 조금이나마 도움이 될 수 있으면 좋겠다.', '너의 밝은 미소가 보고 싶다'라고 직선적이 아닌 곡선적인 표현으로 바꾸어 보면 어떨까? 예쁜 말 부드러운 말은 듣는 친구의 마음도 편안하게 만들 것이다. 소중한 친구를 응원해주려면 노력이 필요하고 정성이 필요하고 관심이 필요하다. 내가 원하는 일을 누군가가 해주면 그를 칭찬하는 것은 인지상정人之常情인 것처럼 추위에 떨고 있는 친구에게 김이 모락모락 나는 호빵을 건네며 따뜻한 안부를 묻는다면 감동이 배가 될 것 아니겠는가?

친구를 향해 모두 잘 될 거라 응원하고 걱정해주는 것도 어찌 보면 친구가 아닌 나 자신에게 하는 말인지도 모를 일이다. 정작 위로가 필요하고 격려가 필요한 사람은 지금 이 순간 누구에게도 관심받지 못하고 내팽개쳐진 나 자신일 수도 있다. 일상의 삶에 지친 나에게 가장 해 주고 싶은 말이 있다면 나를 귀하게 생각하듯 그 말을 외로움에 물들어가는 친구에게 전해보자. 커피는 쓴맛이고 설탕은 단맛이다. 덜 익은 감은 떫다. 사람들의 맛도 각각 다르다. 감자를 소금에 찍어 먹느냐 설탕에 찍어 먹느냐로 다투는 사람도 있다. 나 자신만이 그런 사람에 대해 맛을 결정할 수 있다. 입맛대로 차별하지 않고 친구의 꿈을 응원하고 행복을 빌어준다면 더없이 고마운 일일 것이다. **세상은 나 혼자만이 아니기에 너의 다정한 안부가 그립다.** 예쁜 미소가 달콤하게 피어나는 그런 안부가 보고 싶다.

6
너부터 행복했으면 좋겠다!

다른 사람이 행복하고 잘되기를 원하면 자신도 즐겁고 행복해진다는 말과 다른 사람이 잘 되면 배가 아프고 잘못되면 기분이 좋아진다는 말도 있다. 준 것 없이 미운 사람이 있지만 무조건 잘되도록 도와주고 싶은 사람도 있다. 사람들의 마음속에는 이미 다른 사람의 불행을 보고 즐거워하는 속성이 숨어 있는지 모를 일이다. 그렇다면 진심으로 다른 사람의 고통과 슬픔을 함께 애통해하는 사람들은 모두가 위선자일까? 우리들은 어느 편에 줄을 서야 더 행복할 수 있을까? 필자는 다른 사람에게 너그럽고 관대하면 자신이 행복해진다는 것을 믿고 싶다. 뇌의 가소성을 믿어 보자. **뇌는 행복을 생각하면 행복의 길로 안내하고 불행을 생각하면 불행의 길로 인도한다**고 한다. 그러므로 다른 사람의 불행을 나의 행복 씨앗으로 삼는 것보다 다른 사람들이 잘되어서 그들이 웃는 모습이나 행복해하는 미소를 나의 행복 밑거름으로 삼으면 온 세상이 달콤한 향기가 넘실거리는 꽃밭이 되리라 굳게 믿는다.

심리학 용어 중에 경쟁자로 여기는 사람이 천부적인 능력을 지니고 있어 자신이 아무리 노력해도 따라가지 못할 때, 그 사람에 대해 느끼는 절망감이나 질투심 또는 열등의식이 생기는데 이를 '**살리에리 증후군**Salieri Syndrome'이라 한다. '**샤덴프로이데**Schadenfreude'라는 용어는 손해나 불행을 뜻하는 '샤덴Schaden'과 기쁨이라는 뜻을 담은 '프로이데freude'를 합성한 것으로 타인의 불행에서 기쁨을 느낀다는 의미를 담고 있다. 일본 교토대 의학대학원의 다카하시 히데히코Takahashi Hidehiko 교수는 친구들이 불행한 일을 당했다는 소식을 들었을 때, 뇌는 즐거움과 만족감을 발생시키는 보상회로인 '복측선조체Ventral Striatum' 활동이 더 활발해지고, 질투를 강하게 느낄수록 불안한 감정이나 고통을 느낄 때 활성화되는 '배측전방대상피질dorsal Anterior Cingulate Cortex'의 반응이 활발해진다고 주장했다. 특히 질투의 대상자가 자신이 몸담고 있는 분야에서 두각을 나타내고 잘나가는 친구이거나 자신과 밀접한 관련이 있는 사람에게서 더 강한 질투를 느끼며 그들이 불행을 겪을 때 뇌는 더 즐거워한다고 하였다.

나에게 넘치는 혜택이나 눈곱만큼의 피해도 준 적이 없는 다른 사람의 불행을 보면서 즐거워하고 손뼉을 치는 사람, 다른 사람들을 무조건 끌어내리려 애를 쓰는 사람, 어떻게 해서라도 잘 숨겨진 흠집을 찾아내려 눈을 부릅뜬 사람들이 늘어나고 있다. 그들은 **행복한 기억으로 불행한 기억을 덧칠하면 결국 행복한 기억만이 남**

는다는 사실을 모두 잊고 사는가 보다. 다른 사람의 행복을 기원할 때 뇌는 엔도르핀과 도파민, 옥시토신 등의 행복감과 즐거움을 주는 쾌락 물질을 분비하고, 다른 사람의 성공을 시기하거나 그들의 불행을 좋아하면 코르티졸이라는 스트레스 물질을 분비한다는 사실을 정말 모를까? 뇌는 상대의 불행으로부터 자신이 이익을 보려는 기대감이 있을 때, 상대가 꼭 불행한 일을 당해야 한다고 원하고 있을 때, 그 상대가 불행해지면 기쁨을 느끼게 된다고 한다. 그렇다고 **다른 사람의 불행을 꿀맛처럼 달콤하다고 참기름처럼 고소하다고 너무 행복해하지 말자. 상황이 뒤바뀌면 나의 불행을 보고 다른 사람이 기뻐할 수도 있다.**

'행복하게 살고 싶은 가'라고 물으면 대부분 행복하게 살고 싶다고 대답할 것이다. 내가 행복한 삶을 원한다면 다른 사람이 먼저 행복해지기를 응원해보자. 나에게 다가오는 행복의 속도가 훨씬 빨라질 것이다. 아이오와 주립 대학교 심리학 교수인 더글러스 젠틸은 '다른 사람에게 친절을 베풀면 불안감이 줄어들고 자신의 행복감은 더 커진다.'라고 하였다. 이것은 다른 사람의 행복을 빌어줄 때 자신도 더 행복해진다는 뜻일 것이다. **행복, 바라만 볼 것인가, 다가갈 것인가?** 행복해지려면 끊임없이 찾아내야 하고 선택해야 하고 연습도 해야 한다. 소중한 너에게 값진 행복을 선물하고 싶다. 하루하루를 행복으로 물들이고, **행복이라는 작은 사치를 마음껏 누려보시게.** 행복해하는 너를 보면서 나도 날마다 행복한 사람이 되고 싶다.

7
나에게는 아직 이런 친구도 있다!

체면이나 부끄러움 따위는 내가 알 바 아니라 하면서 일부러 모르는 체하는 뻔뻔스러운 **철면피**鐵面皮와 자질과 능력이 부족함에도 이를 감추고서 천방지축 날뛰는 **파렴치한**破廉恥漢이 평양감사 자리를 두고 사생결단 치열하게 싸우고 있다. 그것도 벌건 대낮에 대로변에서 고래고래 고함을 지르고 있다. 무례하고 무지한 사람을 심판관으로 내세우고 **'예의염치 무너뜨리기 시합'**을 한다고 온 세상에 광고를 하면서 순진한 국민에게 열심히 값비싼 표를 강제로 팔고 있다. **몰염치**도 선수로 등판하겠다고 하니 싸움판이 갈수록 커지고 지저분해지고 있다. 차마 두 눈 뜨고 볼 수 없는 목불인견目不忍見의 세상이 되어가고 있다. 그들이 싸우는 모습을 똑바로 지켜보고 있는 사람들을 얼마나 얕잡아 보았으면 그 사람들 앞에서 그들은 은근슬쩍 아주 친한 친구인 척 아양을 떨고, 서로 싸구려 안부를 묻는 척 야단법석을 떤다. 이 얼마나 표리부동表裏不同한 모습인가? 앞날이 걱정스러워 잠 못 이루는 밤에 제齊나라 환桓공(BC 716년~BC 643년, 제나라 15대 군주)을 도와 제나라를 초강대국으로 만들고 춘추오패(春秋五霸, 제 환공, 진 문공, 초 장왕, 오왕 부차, 월왕 구천)를 이루었던 우정의 대명사 '관포지교管鮑之交'의 주인공들이 갑자기 떠오르는 이유가 뭘까?

관자管子 소광편小匡篇에 나오는 이야기다. 관중과 포숙鮑叔은 각각 다른 주군을 모시고 있었다. 제齊나라에서 내란이 발생하자 그들은 모시고 있는 주군을 왕으로 만들기 위해 목숨을 걸고 싸웠다. 관중은 포숙의 주군인 환공을 시해하고자 활을 쏘았는데 불행하게도 그 화살이 환공의 허리띠를 맞혔다. 그렇게 간신히 살아남은 환공은 왕위에 오르면서 포숙을 재상宰相에 임명하고자 했다. 이때 포숙은 관중보다 부족한 점 다섯 가지를 들면서 관중을 재상으로 추천하였다. 환공이 '나를 죽이려 한 사람을 어찌 재상으로 임명하라는 것인가'라고 하자, '관중은 백성의 부모입니다. **그 자식들을 다스리고자 한다면 부모를 버려서는 아니 되옵니다**'라고 하였다. 포숙이 관중보다 부족한 점 다섯 가지는 관대한 은혜를 베풀어 백성을 사랑하는 것寬惠愛民, 나라를 잘 다스려 기강을 바로잡는 것治國不失秉, 충성과 신의로 제후들과 동맹을 맺는 것忠信可結諸侯, 예의를 제정하여 뭇 백성들이 본받게 하는 것制禮義可法四方, 백성들을 용맹스럽게 만드는 것使百姓皆可勇을 말한다. 환공은 끝내 관중을 재상에 임명하였다. 포숙의 관중에 대한 절대적인 믿음과 인재를 적재적소에 임명하는 환공의 포용성을 엿볼 수 있는 대목이다. 요즘에도 곳곳에서 드러나지 않은 귀한 산삼이 자라고 있는 것처럼 훌륭한 인재들이 여기저기 숨어 있지만, 그들을 찾지 않고 인정하지 않는 세태가 안타까울 따름이다.

이 두 사람의 우정은 사기史記, 관안열전편管晏列傳篇에 다섯 가지 사례가 기록되어 있다. 첫째, 장사를 하면서 더 많은 이익을 챙겨가도 욕심쟁이가 아니라 가난하기 때문이다. 둘째, 일을 도모하다 포숙을 난처하게 하였으나, 어리석다 아니 하고 일을 행함에 유불리가 있을 따름이다. 셋째, 벼슬길에 나아 갔다 세 차례나 군주에게 쫓겨나자, 모자란 놈이라 하지 않고 때를 못 만난 것이다. 넷째, 전쟁터에서 세 차례나 도망 나왔으나, 비겁한 놈이라 하지 않고 노모가 계시기 때문이다. 다섯째, 왕위쟁탈전에 실패하고 주군을 따라 죽지 않았을 때, 절개가 없다 아니 하고 공명을 드러내지 못함을 부끄러워하기 때문이다. 라고 하였다. 그래서 관중은 포숙을 보고 '**나를 낳아준 사람은 부모이지만 나를 알아준 사람은 포숙이다.**' 라고 하였다. 이렇게 절대적으로 믿어주는 친구가 있다면 얼마나 든든할까요? 내가 혹시 친구의 빛을 가리고 있는 것은 아닌지 돌아본다. **꽃향기도 바람이 있어야 더 널리 퍼지고 아름다운 별빛도 어두운 밤이 있어야 더 빛나고, 참다운 우정도 진실하게 믿어주는 친구가 있어야 더 아름다울 것이다.** 나를 낮추고 비워서 친구를 더 높이고 채워주는 참다운 우정이 정말 그립다.

8
다정한 이웃은 머리가 아닌 마음으로 통한다

건강은 잘 챙기고 걱정과 스트레스는 버려라. 코로나 병란病亂이 심화되니 잔뜩 움츠린 마음에 스스로 격리되고 스스로 고립되고 스스로 외로움에 빠져 신음하고 있다. 우리 다 함께 보다 나 혼자만 살겠다고 하는 **극단적인 이기심에서 질질 흘러나오는 조각난 마음 바이러스**가 더 무섭게 다가온다. 많은 사람이 삐죽삐죽 예민해진 신경 때문에 불안 불신 의심 걱정 초조로 얼굴에 예쁜 미소가 사라졌다. 이런 시기에는 자칫 말 한마디 잘못 내뱉는 날이면 큰 싸움으로 번지게 된다. 평소에는 아무렇지 않게 했던 말들이지만 똥물 뒤집어쓴 듯 불컥 불컥 불같이 화를 낸다. 지갑이 얇아져 배고파하는 사람들의 마음이 자꾸 좁쌀처럼 작아지고 있다. 그들의 속 빈 마음을 이곳저곳 아프게 푹푹 찌르면 화를 안 낼 재간이 없다. 날카로운 독 가시에 찔리는데 안 아프면 이상하겠지요?

머리는 차갑고 마음은 따뜻하다. 이성은 냉혹하고 감정은 단순하다. 김수환 추기경은 머리에서 가슴으로 내려오는 데 평생이 걸렸다고 말씀하셨다. 사람이 하는 말이 머리를 통하지 않고 마음으로 걸러지지 않고 툭툭 입 밖으로 튀어나오게 되면 그것은 말이 아닌 가시가 덕지덕지 붙어 있는 헛소리가 되기 쉽다. 삶을 살면서 시간 가는 줄 모르고 무언가에 몰입하고 즐기고자 했던 것들은 모두 마음에서 우러나온 간절함이 있기 때문이다. 이성도 있고 감정도 있지만 끝내는 마음이 쏠리는 데로 시선이 향하게 된다. 몸이 기울어진 방향으로 시선이 가고 마음도 따라가게 된다. 열심히 머리를 굴려 잘 살아왔다 생각했는데 간혹 헛살아온 느낌이 드는 이유는 무엇일까? 마음으로 느끼지 못하고 머리로만 생각하고 속이야 어찌 되었든 겉으로는 잘 되고 있다고 생각하며 살아왔기 때문일 것이다. 마음이 싫어하면 지금까지 좋아 보였던 것이 나쁘게 보이고 선이라 생각했던 것이 악으로 느껴지기도 한다.

삶의 주인은 머리가 아닌 마음인 것이다. 라디오 주파수를 열심히 찾아 돌리는 이유는 뭘까? 나와 조금이라도 닮은꼴이 있는 사람을 찾고 나와 조금이라도 공통점이 있는 사람을 찾아 나서는 것은 무엇 때문일까? 나와 비슷한 DNA 구조를 가진 사람을 그토록 찾아 헤매는 진짜 이유는 무엇일까? 이는 동질감이 있는 사람과 함께 있으면 편하고 마음이 잘 통하면 믿음이 깊어지고 행복이 따라오기 때문이다. **풍우무향**風雨無鄕이라지만 사람들은 고향을 묻고 학교를 묻고 나이를 묻는다. 너와 내가 통하는 마음을 찾는 것이다. 마음으로 소통하고 싶다는 것이다. 물은 높은 데서 낮은 데로 흐른다. 마음은 그 사람이 편하면 그냥 그 사람에게 흘러간다. 전기가 있어도 전선이 서로 연결되지 않으면 불통이다. 전선이 서로 연결이 되어 있어도 전기가 없으면 이것도 불통이다. 전기가 있고 전선이 있어도 스위치가 켜져 있지 않으면 이 또한 불통이다. 마음이 스위치 역할을 한다. 무선으로도 연결이 된다고 주장하지만 그래도 스위치는 필요하다. 마음 가는 곳에 방해물이 있을 수 있겠는가? 아무리 멀리 있어도 마음이 있으면 곁에 있다는 느낌이 들고 마음이 없으면 온종일 껌딱지처럼 붙어 있어도 함께 있다는 느낌이 들지 않고 오히려 불편할 수도 있다.

요즘에는 스마트폰 속으로 마음이 스며들고 있다. **스마트폰 속으로 바쁜 마음을 꾸역꾸역 밀어 넣는다.** 마음에서 마음으로 마음을 엮어 가는데 스마트폰이 많은 것을 대신해주고 있다. 그러나 아무리 스마트폰 성능이 좋아진다 해도 서로의 삶을 이어주는 것은 행복을 찾는 마음일 것이다. 사람들을 서로 연결해주는 것도 마음이 우선이다. 아무리 좋은 길이라 할지라도 내가 마음 주지 않으면 가시만 무성한 가시덤불이 되고 말 것이다. 마음이 가는 길, 간절한 마음으로 걸어가면 길이 보인다. 막힌 길은 뚫고 닫힌 길은 열어 가면 된다. **다른 사람들에게 따뜻한 마음을 주지 않는다면 그 누구도 나에게 아름다운 마음을 주지 않는다.** 몇 년이 지나도 내 곁에 머물 수 있는 예쁜 마음을 나누자. 그런 마음이 늘 내 곁에 머물도록 마음이 하는 말에 가만히 귀를 기울여 보자.

9
너의 마음 씀이 어찌 이리 고운가?

아는 사람이라고 다 아는 게 아니다. 그 사람을 안다고 말하려면 그 사람이 좋아하는 것을 미리 알아서 준비해주고 싫어하는 것을 미리 피하고 안 하는 것이다. 머릿속으로는 안다고 생각하나 마음속으로는 전혀 아닌 경우도 많다. 마음속으로만 생각하고 말을 하지 않고 행동하지 않으면 정情이 마른 목석을 바라보는 것과 무엇이 다르단 말인가? 필요한 것을 알아서 챙겨주는 마음이라면 고마움이 넘치고, 싫어하는 것을 알아서 피해 주는 마음이라면 아름다움이 넘친다. 이모가 늦은 시간에 밥을 먹으면 속이 쓰리다는 사실을 어찌 알았을까, 매운 음식을 먹으면 속이 아프다는 사실을 알아차리고 속이 쓰리지 않게 음식을 준비하는 조카의 마음 씀이 참 고맙고 예쁘다. 어찌 이렇게 아름다운가? 오늘도 많은 것을 깨우치게 하는 그 조카의 마음 씀씀이를 보면서 나는 아직도 배울 것이 많구나, 나는 아직도 어른이 덜되었구나 하는 짧은 순간의 반성을 해 본다.

산을 힘들게 오르다 어중간한 높이의 바윗돌에 신경을 쓰고 있는 순간 손을 내밀어 당겨주는 사람의 마음은 정말 예쁘다. 길이 미끄러워서 넘어지려 하는데 말없이 어깨를 잡아주는 사람의 마음은 천사일 것이다. 지쳐 쓰러질 지경인데 조용히 기댈 등을 내밀어주는 사람의 마음은 큰 산만큼이나 믿음직스럽다. 우편함을 살피다 올라가려는 엘리베이터를 놓쳤다 싶었는데 닫힌 문이 기적처럼 열리니 그 사람의 마음 씀씀이가 왜 이리 곱게 느껴지는지요? 열림 버튼을 누를 수 있는 그 사람의 아름다운 마음은 지평선 너머 저 멀리까지도 동행同行의 향기가 퍼지고 있을 것이다. 달빛을 머금은 이슬보다 더 순수할 것이다. 등이 가려운 줄 알고 알아서 긁어주는 손, 그 손이 참 고맙다. 내 등 가려운 것을 어찌 알았을꼬?

내가 안다고 하는 사람과 나를 안다고 하는 사람 중에 어느 쪽이 더 많을까? 겉으로는 붕어빵처럼 닮아서 아는 사람이라 착각하고, 전생에 나와 형제자매였을 거라 믿지만 속마음은 남극과 북극 사이만큼 거리가 먼 사람도 있다. 닮은 곳이라고는 눈곱만큼도 찾아볼 수 없는 얼굴이지만 마음이 연리지連理枝처럼 닿아 있어, 눈빛만 봐도 그가 무엇을 생각하고 무엇을 하고 싶어 하는지 알아차리는 사람도 있다. 이 사람은 분명 천생연분일 것이다.

외로움에 찌들어 위로받고 싶은데, 따뜻한 응원의 말을 듣고 싶은데 어디선가 다정하게 다가오는 말, 그 말을 듣는 순간 눈물이 나도록 고맙다. 늘 잘못만 늘어놓아 칭찬에 허덕이고 있는 사람에게는 사소한 격려 한 마디가 허기진 시간의 피자 한 조각보다 더 배부름을 안긴다. 주위를 둘러보면 이렇게 마음 씀씀이가 예쁜 사람들이 참 많다. 따뜻한 손을 내밀어 차가운 마음 다독여주는 사람, 정에 굶주린 사람들에게 다정한 눈빛 나누며 살갑게 대해주는 사람, 어둠을 환하게 비추는 천사의 마음으로 봉실봉실 미소를 짓는 사람, 그 사람들의 마음을 어찌 아름답다고 말하지 못하리오.

아름다운 것은 아름답다고 말하고, 고마우면 고맙다고, 감사할 일이면 감사하다고 말하자. 고마운 줄 알면서 쑥스럽다고 말하지 못한다면 이 얼마나 바보 같은 일인가. 마음으로 느끼고 마음으로 다가가 보자. 조금만 더 용기를 내어 한 발짝 더 그 사람 속내로 들어가 보자. 그러면 그 사람이 좋아하고 싫어하는 것도 알아낼 수 있을 것이다. 좋아하고 싫어하는 것을 알았다면 아는 대로 행하면 된다. 마음이 가라 하는 곳으로 가면 된다.

안다고 하면서 행하지 않으면 아는 것이 아니다. 차라리 모른다고 하는 것이 맞을 것이다. 내가 무엇이 필요한지 잘 알면서도 해주지 않으면 더 밉게 느껴진다. 서운함이 쌓이면 아는 것도 줄어든다. 나를 잘 안다고 하면서 내가 싫어하는 것만 골라 하는 사람을 어찌 나를 생각해주는 사람이라 할 수 있을까요? 아는 사람에게 버림받고 무시당하면 모르는 사람에게 당하는 것보다 훨씬 더 쓰리고 아프다. 봄 햇살에 눈만 꾸벅꾸벅 졸고 있으면 아지랑이는 순식간에 저 멀리 날아간다.

말로만 무슨 일이든지 다 해주겠다고 허풍 치지 말고 오늘은 내가 안다고 하는 사람을 위해 그냥 작은 일이라도 알아서 해주자.

10
그대 향기가 그리워질 때면

텅 빈 마음속 마른 고목에 그리움이 실바람에 실려 머뭇머뭇 진한 안부로 다가온다. 꼼지락거리는 아지랑이 따라 먼 길 찾아오는 길손은 어찌 그리도 굼벵이 기어 오듯 더디게 오는지 모르겠다. 어제는 **친정엄마의 다정한 손길 같은 봄**을 만끽하면서 둥글넓적하고 탐스러운 튤립이 활짝 피어나더니 오늘은 **시어머니의 매서운 눈초리 같은 겨울**로 되돌아간 듯 꺼끌꺼끌하고 뾰족한 청보리 한 무더기가 고개를 내민다. 산란기를 맞은 잉어 떼들이 안양천을 흐르는 잔물결 따라 느릿느릿 흐느적거리는 물풀 사이에서 아우성치며 퍼덕거리니 천둥소리 요란하게 들려오고, 왜가리는 그 옆에서 조그만 물고기를 잡기 위해 길쭉한 목과 날카로운 부리를 사정없이 물속으로 찔러대고 있다. 떠도는 구름 따라 흐르는 강물 따라 삶의 시간이 그렇게 다가오고 있다. 세상은 언제나 기분 좋게 기다리던 금요일 밤은 아닌가 보다. **세상을 아름답게 살려거든 꽃처럼 살고**

세상을 편안하게 살려거든 물처럼 살면 된다고 하지만 꽃처럼 물처럼 산다는 게 그렇게 만만한 것은 아닌 듯하다. 그래도 둥글게 살아보겠다는 흉내는 내보려 한다. 쉽지는 않겠지만 불가능하지도 않겠지요. 안될 이유가 있으면 될 이유도 있을 것이다. 간단하다고 생각하면 어렵지 않지만 어렵다고 생각하면 쉬운 것도 어렵게 느껴진다. **해보지도 않고서 하지 못했다는 변명은 호주머니 속 쌈짓돈처럼 아껴보려 한다.** 단순하지만 복잡하고 복잡하지만 간단한 것은 마음이 결정한다. 달을 가리키는 손가락만 쳐다보면서 달이 보이지 않는다고 한다. 눈으로 보면서도 보지 못하는 것은 마음이 없기 때문이고 마음으로 보지 않기 때문에 보고도 보지 못했다고 하는 것이 아니겠는가. 마음 한잔에 인정과 눈물이 녹아있다.

하만 스타인은 '울리지 않는 종鐘은 종이 아니며 부르지 않는 노래는 노래가 아니며 표현하지 않는 사랑은 사랑이 아니라' 했다. 그래서 오늘은 무조건 누군가에게 그리운 안부를 전해보려 한다. **누군가는 이 세상을 향기로 물들이고 있을 것이고 누군가는 그 향기에 물들고 있을 것이고** 누군가는 그 향기에 절대로 물 들지 않으려 발버둥 치고 있을 것이다. 인생이라는 종이에 향기로운 물감으로 그림을 그려보자. 함께 부대끼며 살다 보면 따라 하기를 통해 닮아가기도 물들어가기도 할 것이다. 함께 보낸 시간만큼 채워지는 것도 겹치는 것도 많아질 것이다. 그런 과정을 통해 쌓이는 인연들이 탐욕과 분노와 불평이 아닌 희망과 사랑과 행복이었으면 좋겠다. **나는 그대 향기 안에서 미소를 짓고 싶다.** 나도 그대 향기에 물들고 싶다. 너는 나의 마음을 싱싱한 초록으로 물들이고 나는 너의 마음을 잘 익은 단풍으로 물들이면 좋겠다. 같은 색을 칠하고 같은 향기로 목욕하고 같은 몸짓으로 뒹굴어 생각이 조금씩 엇비슷해지면 좋겠다. 같은 주파수를 맞추어 놓고 함께 웃을 수 있고 같은 핏줄인 듯 비슷한 구조의 DNA를 가지고 있는 그 사람의 향기에 취하고 그렇게 닮아가면 좋겠다. 타는 가뭄에 개미 한 마리만 지나가도 누런 먼지가 펄펄 휘날리고 떨어트린 달걀 노른자위가 사방으로 퍼지듯 갈기갈기 흩어진 마음들을 촉촉하게 적셔줄 단비 같은 너의 미소가 그립다. **그대 눈동자에서 보름달이 굴러가는 소리를 들을 수 있다면**, 그대 마음에서 시원한 바람 소리를 들을 수 있다면, 그대 입에서 얼쑤절쑤 장단 맞추는 소리를 들을 수 있다면 참 좋겠다.

외로운 별은 홀로 빛날 수 있겠지만, 서로에게 긍정의 에너지를 불어넣고 칭찬하고 격려하고 배려한다면 그 별은 더 이상 쓸쓸하진 않겠지요? 정이 메말라 소화불량 걸리면 인생도 불량하다. **냉장고 문을 열어두면 냉장고가 춥다고 문 닫으라 울부짖고** 대문을 활짝 열어두면 도둑이 들어 오지만 마음의 문을 열어두면 행복이 들어온다. 그 문은 나를 위한 문이다. 기분이 우울하면 하늘에 기대고 마음이 슬프면 가슴에 기대고 사랑이 고프면 꽃에 기대고 이별이 슬프면 달에 기대라. 기댄다는 것은 마음이 스며드는 것이고 마음이 곱게 이어진다는 것이다. **아쉬운 미련을 시렁에 걸어두지 말고 지금 당장 따뜻한 안부를 전해보자.**

11
엄마, 우리 동네에 이런 시장이 있어요?

오늘은 어느 곳에서 '행복한 마음 시장'이 열렸을까? 봄 마중하는 꽃잎들이 활짝 피어나고 미세먼지 걱정 없이 마스크를 쓰지 않아도 되는 곳, 누구나 걸어서 찾아올 수 있는 곳, 이왕이면 지하철 3개 노선이 교차하는 곳에서 열렸으면 더 좋겠다. 근심, 걱정, 불신, 불만, 속임수가 없는 시장, 지금까지 이런 시장은 어디에도 없었다. 사랑하는 마음, 따뜻한 마음, 베푸는 마음, 나누는 마음을 팔고 있다. 누구나 필요하면 필요한 대로 원하면 원하는 대로 가져갈 수 있다. **마음은 아무리 많이 팔려도 품절이 없다. 사고파는 마음에는 저울도 없다. 마음이 저울이고 눈금이고 추다.** 행복한 마음은 재고로 쌓이지도 않고 유통기한도 없지만 언제나 새롭고 싱싱하다. 사려는 사람이 오면 즉석에서 만들어 주기 때문이다.

행복 시장에 오면 지치지 않도록 손잡아주고 배려가 넘치고 편히 쉬어갈 수 있다. 내가 꼭 만나고 싶은 사람을 만나게 되는 곳,

내가 꼭 사랑받고 싶었던 사람에게서 '사랑해'라는 말을 들을 수 있는 곳이다. 욕심쟁이들이 우정을 돈벌이에 이용하는 곳이 아니다. 경쟁에 찌든 피곤한 마음이 말랑말랑해지는 곳, 꿈과 희망이 살아 숨 쉬는 곳이다. 마음이 따뜻한 사람을 만날 수 있고, 정감 어린 눈빛을 나눌 수 있고, 눈치가 눈 감고 있는 곳, 한 번 들어오면 나가고 싶지 않은 편안한 내 집 같은 곳, 그냥 마음이 편한 곳이다. 의심과 시기와 질투의 마음을 비우고, 믿음과 사랑과 배려의 마음을 채워가는 곳이다. 왕따가 없고 차별도 없고 무시도 없고 고립의 공포감도 없다.

시장에 오는 모든 사람이 시장을 아름답게 가꾸는 주인이다. 물고기를 잡으려면 물고기처럼 생각하고, 그 사람과 친해지고 싶으면 그 사람처럼 행동하면 된다. 상대가 가지고 있는 것을 갖고 싶다면 상대가 나에게 무조건 주고 싶게 만들고, 나에게 줄 수밖에 없도록 상대의 마음을 붙잡으면 된다. 내가 원하는 것이 있으면 내가 그것을 원한다고 상대에게 말하면 될 일이다.

아무리 좋은 물건이라도 모든 사람이 필요로 하는 것은 아니지만, 똑같은 물건을 놓고도 생각의 차이는 백인 백색이다. **한 사람의 마음인데도 물건을 팔려는 마음과 사려는 마음이 제각각 다르다.** 하나의 물건을 놓고도 팔려는 사람은 물건이 완벽하다고 주장하고, 사려는 사람은 물건에 흠이 있다고 우긴다. 같은 값을 치르고도 파는 사람은 물건을 적게 주려 하고 사는 사람은 물건을 많이 가져가려 한다. 같은 물건에 같은 값을 지불하고도 물건의 양과 질이 '네 것'과 다르다고 따진다. 왜 이런 현상이 생길까? 팔려는 사람은 값을 더 받거나 물건을 더 적게 주려 하고, 사려는 사람은 돈을 덜 주거나 물건을 더 많이 가지려 하는 **인간의 호리성**好利性 때문이다. 흥정이 있는 시장은 구경할수록 재미있다.

행복은 작지만 눈앞에 있다. **행복은 습관이고 연습이다. 행복은 정성이고 노력이다.** '나중에 생각해보고'는 너무 늦다. 행복을 느끼고 싶다면 '지금 이 순간' 즉시 시장으로 나와야 한다. 행복한 시장을 만들고 우리 모두 행복하려면 참가자 모두가 신뢰하고 배려하고 모두를 속이지 않아야 한다. 시장 참가자들이 모두 잘 되기를 응원하면 된다. 초라한 밥상일지라도 정직하게 번 돈으로 마음 편히 먹는 것이 상다리가 휠 만큼 진수성찬을 차려놓고 다른 사람 눈치 보며 먹는 것보다 훨씬 맛있다. 마음이 따뜻한 사람을 만날 수 있는 시장, 행복한 마음을 나누는 축제의 장, 마음이 있으면 눈길도 따라오고 발길도 따라온다. **'내가 그대를 믿으니 그대도 나를 믿는다'.** 이런 행복한 마음 시장이 우리 동네에도 있으면 참 좋겠다. 문 앞에서 귀인이 들어오는 길 막아서지 말고 안으로 들어와서 행복한 마음을 마음껏 골라 가세요. 행복 사냥터, 행복 낚시터, 행복 시장터, 행복 나눔터, 행복 굼터, 행복 쉼터, 행복 지갑, 행복 주머니 등등. '행복한 마음 교환소'에 오신 여러분을 열렬히 환영합니다.

12
내 마음이 이렇게 좋구나!

우리 몸은 대략 60조 개의 세포가 있으며, 90%는 90일 만에 재생한다고 한다. 이것은 90일 동안 우리의 몸을 완전히 개조할 수 있다는 뜻이다. 90일 동안 연습을 통해 예쁜 말, 예쁜 생각, 예쁜 미소, 예쁜 인생을 꿈꿀 수 있다는 희망의 메시지다. 우리들이 하는 **말은 태어나면서 물려받은 것이 아니고 배워서 익힌 것이다.** 말버릇은 버릇으로 출발하지만 버릇이 거듭되면 생각과 행동이 몸에 배게 된다. 우리들은 부정적인 말, 부정적인 생각 끝에는 **'갈색의 침전물'**이, 긍정적인 말, 긍정적인 생각 끝에는 **'핑크색 침전물'** 생긴다는 것은 잘 알고 있으면서도 실천하지 않는 것은 해보지 않아서 어색해하기 때문이다. **100% 행하면 100% 된다.** '해보면' 할 수 있다. '하면' 할 수 있다. '하다 보면' 인생이 확 바뀔 수 있다. 90일 동안의 연습이 필요하다. 성공했기에 말이 달라지는 것이 아니고, 말이 다르기에 성공한 것이다.

'내가 이렇게 기분이 좋은데 너는 얼마나 좋으니' 하면서 칭찬하는 말을 얼마나 자주하고 있는가요? 짧지만 들으면 기분이 좋고 힘이 나는 말, '참 잘했구나, 멋지구나, 대단하구나, 최선을 다했구나, 드디어 해냈구나, 넌 나를 기쁘게 하는구나, 나는 너를 항상 믿는다, 나는 네가 해 낼 줄 믿어' 등등, 이런 말을 듣는 사람은 왠지 모르게 기분이 좋고 더 열심히 해야겠다는 의지가 불타오르게 된다. 칭찬은 확장되고 증폭된다. 칭찬받는 사람은 다시 칭찬받으려 노력한다. 들으면 기분이 나쁘고 기운이 쭉 빠지는 말들, '쓸데없는 녀석 같으니라고, 네가 뭘 안다고, 넌 정말 구제 불능이야, 이 바보야 그것도 몰라?, 넌 이것 밖에 못 하니?, 네가 웬일이니 이런 걸 하다니, 넌 왜 맨날 똑같냐?, 네가 해 봐야 그렇지 뭐' 등등, 이런 말을 듣고 나면 뭔가 열심히 해보려는 마음은 어느새 사라지고 '너는 얼마나 잘하나 두고 보자' 하면서 저주가 쌓이고 불평불만이 자라게 된다. 무시하고 상처 주는 말들은 부메랑이 되어 반드시 나를 찾아오게 된다. **칭찬에 발이 달렸다면 험담에는 날개가 달렸다**는 속담도 있다. 거친 말은 더 거친 말을 부르는 속성이 있다. 예를 들어보면, '귀를 때리다 → 귀때기를 갈기다 → 귀싸대기를 후려갈기다', '눈깔아 → 눈구멍 내리깔라고 → 눈깔을 확 뽑아버린다', '입으로 말해라 → 주둥이 놀려봐라 → 아가리를 확 돌려버릴까 보다' 등등. 아무 생각 없이 내뱉고 있는 이런 말들이 의외로 많다. 이미 입에 뱄기에 스스럼없이 튀어나온다. 바퀴벌레가 기어 나오면 화들짝 놀라 피하듯이 이런 말들은 어쨌든 피하면 좋겠다.

초등학교 교과서에서도 칭찬에 대하여 설명을 하고 있다. 칭찬하면 좋은 점은, '칭찬하는 말을 들으면 기분이 좋아진다, 칭찬하는 사람과 사이가 좋아진다, 칭찬하는 말을 들으면 더 열심히 노력하게 된다, 칭찬하는 말을 하면 내 기분도 좋아진다.' 등입니다. 칭찬에 인색할 이유가 전혀 없는 것이다. 칭찬은 결국 다른 사람이 아닌 '나'를 위한 것이다. 인정받고 대접받고 칭찬받고 싶은 것은 사람들의 본성이다. **칭찬에 목말라 하는 사람들에게는 칭찬이 보약이다.** 성경에도 '무릇 더러운 말은 너희 입 밖에도 내지 말고 오직 덕을 세우는데 소용되는 대로 선한 말을 하여 듣는 자들에게 은혜를 끼치게 하라'(엡 4:29)고 하였다. 오늘은 자신이 만나는 모든 사람에게 기분 좋은 말, 칭찬하는 말을 건네 보자.

'고토다마言靈', 말속에 영의 힘이 있다는 뜻으로, 말을 하면 그대로 이루어진다는 것이며, '말이 씨가 된다'는 것과 같다. 좋은 말을 하면 좋은 결과가, 나쁜 말을 하면 나쁜 결과가 있을 뿐이다. '한 방울의 꿀이 수많은 벌을 끌어모으지만 1만 톤의 가시는 벌을 모을 수 없다'는 서양 속담처럼 꽃에 향기가 있으면 벌과 나비들이 모이고 말에 단내가 나면 사람이 모인다. **상대의 마음을 낚고 싶다면 그가 좋아하는 아름다운 '미끼'를 무조건 찾아내야 한다. 예쁜 말 예쁜 미소가 정답이다.**

13
더덜이가 뭐꼬?

엄마는 아이에게 양껏 먹이고 싶어 밥을 고봉으로 담는다. 아이는 밥이 많다고 투덜거리며 좀처럼 숟가락을 들지 않는다. 엄마와 아이는 한 치의 양보도 없다. 식탁에서 흔히 볼 수 있는 모습이다. 한 숟갈 덜 담으면 아이는 웃으면서 기분 좋게 더 먹을 것이다. 그것을 알면서도 엄마의 마음은 바쁘다. 한창 클 나이의 아이들은 항상 밥이 부족하다. 식당에서 밥을 더 달라고 하기에 미안하다. 식당 주인이 이문 덜 챙기고 알아서 한 숟갈 더 담아주면 그들은 더 배부르게 먹을 것이다. 이처럼 내가 가지고 있는 무언가를 덜어내면 남들에게 즐거움을 줄 수 있다. 넘쳐서 불편했던 자신의 걱정을 훌훌 털어내면 속 시원한 웃음이 따라오고 쪼들려서 걱정했던 자신의 배고픔을 뚝딱 채우면 배부른 미소가 따라온다. 밥을 덜어내야 하는 사람과 밥을 더 먹어야 하는 사람이 만나면 서로의 고민이 한꺼번에 해결된다. 그리고 모두 행복해서 웃는다. 감정이 소화되지 않았는데 또 다른 감정을 덧대면 감정에 체하게 된다. **먼저 덜어낸 뒤 더하고, 먼저 비운 뒤 채우는 것이 올바른 순서다.** 나뭇가지가 지나치게 많으면 밝은 햇살을 받아들일 수 없다. 그러면 빛을 먹고 사는 잡초는 설 자리를 잃는다. 그래서 잔가지는 정리해주어야 한다. 물레방아는 비우고 기다리고 채우기를 반복한다. 이것이 탈 없는 순서다.

깔고 누운 이부자리를 창밖에 내다 말리듯 마음속의 감정도 밖으로 끄집어내어 한 번씩 털어내야 한다. 너덜너덜한 고민을 털어내면 속이 뻥 뚫린다. 덕지덕지 살만 찌우면 몸이 무거워져서 방안에 갇힌다. 눈앞에 쓰레기가 쌓여 있으면 기분이 더럽다. 쓰레기를 깨끗이 치우면 기분이 통쾌하다. 집안의 쓰레기는 고약한 냄새가 난다고 곧장 버리지만, 마음속 쓰레기는 보이지 않아 버리지 못한다. 고인 생각이 썩으면 냄새나기는 마찬가지다. 내려놓아야 할 탐욕이 산처럼 쌓이면 눈꺼풀이 무거워져서 주변을 살피지 못한다. 하늘 높이 쌓아야 할 선행이 턱없이 모자라면 배가 허기져서 잠을 이루지 못한다. 가장 낮은 곳이라면 세상 골짜기의 물을 모두 모이게 할 수 있다. 그곳에서 섬김의 마음으로 올려다보면 가장 많은 것을 가장 잘 볼 수 있다. **밑바닥까지 흘러내린 인생은 오를 일만 남는다.**

행복은 '남'을 배려하는 마음에서 오고 고통은 '나'만 아끼는 마음에서 온다. 봉사하는 사람들이 봉사를 받는 사람보다 훨씬 더 큰 행복을 느낀다고 한다. 내 것을 더 나누려는 마음이 남의 것을 더 챙기려는 마음을 언제나 이긴다. 삶에 향기를 더하고 깊이를 더하고 사랑을 더 하려는 마음에는 존경이 더해질 것이다. 행복은 더 베풀려는 마음에서 출발하고 탐욕은 더 챙기려는 마음에서 출발한다. 어떤 마음이 앞섰는가에 따라 즐거움이 넘쳐나거나 불만이 쌓이거나 할 것이다. 다다익선多多益善이란 말처럼, 더 많은 성과를 거두고 더 많이 소유하는 것을 행복의 비결인 것처럼 말하지만 정말 그럴까? 산더미처럼 쌓인 재산으로 평생 동안 먹어도 부족함이 없을 사람도 더 많은 재산을 찾아 나선다. 이는 채우려는 마음이다. 나만을 위한 채움은 채우고 채워도 채워지지 않는 '구멍 난 빈 항아리'가 아닐까, 아니면 마시고 마셔도 갈증만 더 늘어나는 '짜디짠 바닷물'은 아닐까?

좋은 생각엔 '더', 나쁜 생각엔 '덜'이라는 '더덜이'를 생각해본다. 더 행복하다 생각하면 더 행복하고, 덜 아프다 생각하면 덜 아프지 않는가! 나를 위한 '더'가 더 흥행하면 서로에게 마이너스가 되고 남을 위한 '덜'이 더 많아지면 모두에게 플러스가 될 것이다. 덜 나쁜 것을 통해 더 좋은 것을 배우자. Less is More! 탐욕을 덜어내는 것이 기쁨을 더하는 것이다.

세월이 더하기를 할수록 남은 삶은 자꾸 빼기를 한다. 욕심이 더하기를 할수록 모자란 행복은 빼기를 한다. 욕심은 부릴수록 더 부풀고 욕망은 집착할수록 더 커진다. 하지만 칭찬은 할수록 더 잘하게 되고, 미소는 나눌수록 더 환해지고, 사랑은 베풀수록 더 아름다워진다. 먹는 나이를 조금씩 덜어내면 누가 더 가져갈까? 더 천천히 늙고 싶으면 더 많이 내려놓아야 하지 않을까! 내가 더 가져오면 누군가는 덜 가져가게 된다. 그래도 **일은 덜 하고 돈은 더 받고 싶다고?**

돈,돈,돈을벌자

14
보이는 대로 보면 마음이 웃는다

주변을 둘러보면 코스모스나 들국화가 가을바람에 살랑대고 쉬어가는 조각구름도 싱글벙글 상쾌함을 보태고 있다. 길게 드러눕는 석양의 포근함처럼 자연은 사람들에게 아무런 조건 없이 눈부시게 아름다운 선물을 나누어주고 있다. 그런데도 사람들은 넘치는 탐욕도 부족하다고 외친다. 보고 싶지 않은 흠을 있는 대로 들쑤셔서 덕석 위에 고추 말리듯 펼치고 있다. 듣고 싶지 않은 흉을 확성기를 틀어 놓고 동네방네 떠벌리고 다닌다. 법대로 힘대로 하는 완력腕力이 언제부터 우리 사회를 지배해왔는지 알 수 없지만 요즘 우리 사회를 움직이는 대세가 된 듯하다. 반면 부드러움은 사라지고 절제는 외면되고 있다. 염치는 없어지고 올바름은 무시되고 있다. 정보의 객관성과 상관없이 자기가 보고 싶은 것만 보고 믿고 싶은 것만 믿는 현상도 강해지고 있다. 그래서 편견, 왜곡, 색안경, 필터링, 고정관념, 확증편향이라는 단어가 결코 낯설지 않다.

사물이나 현상은 특정한 의도를 가지지 않는다. 의도를 만들어 반영하는 것은 사람들이다. 처음에는 아무런 의미가 없지만 나에게 이익이나 권리가 있다고 생각하면 의미가 쌓이기 시작한다. 그러면서 반대되는 것들을 거부하는 마음도 함께 생긴다. 나의 가치를 높이려 하고 다른 사람의 의견을 무시하게 된다. 내가 보고 싶은 것만 본다는 것은 오직 나만의 의견이나 이익을 위한 것이다. 모호한 상황에서 일부의 정보만을 받아들여 성급히 판단함으로써 범하게 되는 **선택적 지각오류**選擇的知覺誤謬, Selective Perception에 빠지거나, 사물을 보는 습성 또는 그의 고정관념에 어긋나는 정보를 회피하거나 그것을 자기의 고정관념에 부합되도록 왜곡시키는 **방어적 지각오류**防禦的知覺誤謬, Perceptual Defense에 빠져 완력을 휘두른다. 통제와 강압은 자유를 훼손하고, 남용되면 공동체가 파괴된다.

요즘 시대의 흐름을 보면 미래를 생각하고 전체를 아우르려는 마음이 가을하늘의 얇은 구름만도 못한 듯하다. 마음 가는 곳으로 몸도 따라간다. 보는 것과 보이는 것도 마음을 따라가는 것일까? 보고 싶은 것만 보고 듣고 싶은 것만 듣고 먹고 싶은 것만 먹고 하고 싶은 것만 하고 살 수 있으면 좋겠지만 원하지 않은 것들을 보아야 하고 들어야 하고 먹어야 하고 해야 하는 경우가 더 많다. 《대학》의 〈정심장正心章〉 편에서 "所謂修身在正其心者, 身有所忿則不得其正, 有所恐懼則不得其正, 有所好樂則不得其正, 有所憂患則不得其正. 心不在焉, 視而不見, 聽而不聞, 食而不知其味. 此

謂修身在正其心"(이른바 수신修身은 그 마음을 바르게 하는 데 달려 있다고 하는 이유는 몸에 분노하는 바가 있으면 그 바름을 얻지 못하고, 두려워하는 바가 있으면 그 바름을 얻지 못하고, 좋아하고 즐거워하는 바가 있으면 그 바름을 얻지 못하고, 근심하는 바가 있으면 그 바름을 얻지 못하기 때문이다. 마음에 있지 않으면 보아도 보이지 않고, 들어도 들리지 않고, 먹어도 그 맛을 모른다. 이것을 일러 수신은 그 마음을 바르게 하는 데 달려 있다)라고 하였다. '**마음이 없으면 핑계만 보이고 마음이 있으면 길이 보인다.**' 어떤 것에 심취되거나 몰입되어 있어도 이 같은 현상이 발생한다.

《논어》의 〈술이(述而)〉 편에서 "子在齊聞韶, 三月不知肉味"(공자께서 제나라에서 소(韶) 음악을 듣고 3개월 동안이나 고기 맛을 모르고 밥을 먹었다)라고 하였다. 이 경우는 음악에 심취하여 먹어도 그 맛을 모르는 예라고 할 수 있다. **마음을 저만치 걸어두면 코앞 돌부리에도 걸린다.** 보이고 보여지는 것들도 마음의 크기, 열정의 뜨거움, 욕망의 간절함, 의지의 강약, 느낌의 차이에 따라 다르게 나타날 것이다. 아는 만큼만 보인다는 것은 보고 듣고 배우고 경험한 범주 안에서 인식한다는 뜻일 게다.

진실은 하나이지만 거짓은 수만 가지다. 농민은 팔 것이 없고, 상인은 팔릴 것이 없고, 서민은 살 것이 없다고 아우성이다. 각자가 내 입장에서 내가 보고 싶은 것만 보고 있는 것은 아닐까? 내 편만 보이고 네 편은 보이지 않는 것일까? 사랑하면 모든 것이 좋아 보이고 증오하면 모든 것이 나쁘게 보인다. **의심암귀**(疑心暗鬼, 의심하는 마음이 있으면 있지도 않은 귀신을 낳는다)를 멀리해보자. 진정한 가치는 바른 마음으로 '봐야 할 것'을 보는 것이다. 가을꽃들이 바쁘게 웃고 있다.

15
그 꽃이 내 얼굴을 닮았구려!

봄이 오는 발자국 소리를 귀 쫑긋 세우고 기다리기에는 마음이 너무 서두른다. 푸르딩딩한 봄날의 채소들을 시장에서 파는 것만 맛보기에는 입이 너무 껄끄러워한다. 그래서 녹색 채소들을 집안에서 직접 길러 보고 싶었다. 흙의 기운도 온몸으로 받고 싶었다. 하천 부근에서 개미들이 침 흘리며 잘게 부수어 놓은 기름지고 찰지고 고운 흙을 하루에 한 소쿠리씩 일주일 동안 집으로 퍼 날라 왔다. 조그만 상자 3개를 준비하고 그 흙을 시골에서 가져온 퇴비와 화학비료 등을 양념 버무리듯 뒤섞어 그 상자 안에 가득 채웠다. 시장에서 사 온 고추, 가지, 호박. 상추 모종을 골고루 나누어 심고, 옥구슬같이 바싹 마른 옥수수도 몇 알 묻어두었다. 그리고 그 상자를 햇볕이 들어오는 거실 창문 쪽에 늘어놓으니 시골의 밭이 통째로 이사 온 듯하였다. 날마다 물을 주고 눈길을 주니 옥수수의 싹이 아장아장 솟아났다. 옥수수는 자라는 속도가 무척 빠르지만 줄기가 굵어지지 않아서 심은 지 얼마 지나지 않아 솎아냈다. 상추는 잎사귀가 손바닥 크기로 자라서 쌈 한 끼 해결하고 뽑아냈다. 고추는 수많은 진딧물과 힘든 싸움을 하면서도 하얀 꽃을 피우더니 고추가 제법 주렁주렁 매달렸다. 가지는 꽃은 피는데 몽우리가 생기지 않고 그냥 시들었다. 가지가 하나라도 열리기를 기대하며 정성을 들였으나 네 번째 꽃이 피었다가 그대로 시들어버렸다. 호박은 넝쿨이 위로 올라가는 속도가 상상을 초월했다. 하룻밤 사이에 한 자 정도 길어지고 금방 천장을 뚫으려 했다. 보름 정도 지나니 천장을 이고 있기가 버거운지 시든 수염들이 밑으로 흘러내렸다. 잎은 무성한데 꽃을 피우지 못하고, 넝쿨은 기댈 데 없는 창문을 기둥 삼아 스프링처럼 꼬불꼬불 길게 꼬여만 갔다. 그래도 넓적한 호박잎은 입맛 당기는 된장국 재료로 사용할 수 있었다. 거실에 놓아두면 햇볕을 받는 양이 절대적으로 부족하고 수분受粉 작용을 할 수 없어 열매를 맺을 수 있을까 궁금했는데 고추가 그 궁금증을 풀어주었다. 청양고추를 심었기에 그 작은 고추는 혀끝에 닿는 순간 이마에 땀이 맺힐 정도로 심하게 매웠다. 작은 고추가 맵다는 말이 새삼 떠오른다. 고추 하나 맛보다가 온통 땀으로 목욕을 해야 했다. 호박 넝쿨이 온통 창문을 뒤덮어서 창밖의 고운 하늘을 볼 수 없었지만, 오뉴월의 따가운 햇살을 막아주어 시원한 여름을 보낼 수 있었다. 푸른 색동옷을 날마다 갈아입는 그들을 바라만 보고 있어도 눈이 편했다. 3개월 정도 아파트 거실을 원두막처럼 꾸며 놓고 밭농사 짓는 시늉을 하면서 시골스러운 흙냄새와 푸른 채소들이 피워내는 맛있는 향기를 마음껏 누렸다. 누런 호박도 분홍빛 가지도 소출은 없었으나 호박잎을 따서 한 끼를 해결하고 가지 꽃을 보면서 한 시간씩 즐겼으니 이만하면 마음 부자로 호사한 게 아닐까 생각해본다. 짧은 기간이었지만 그들을 정성껏 어루만지고 가꾸다 보니 나의 얼굴이 그들이 피워내는 꽃을 닮아가고 있었다.

농작물은 주인의 발길 소리를 먹고 자란다고 한다. 꽃을 보고 있으면 그 꽃에 투영되는 나의 얼굴도 한 송이 꽃이었다. 밝은 대낮에 순한 햇살과 맑은 공기를 먹고 자라면 해맑은 꽃이 필 것이고 어둠 속에서 칙칙한 것만 먹고 자라면 어둠의 꽃이 필 것이다. 밝은 생각을 먹고 자란 얼굴은 아름답게 활짝 피어 있는 꽃처럼 뭇사람들의 사랑을 받게 될 것이고 어두운 생각을 먹고 자란 얼굴은 섬뜩한 독버섯처럼 몸에 닿으면 두드러기 올라올까 두려워 멀리 피하려 할 것이다. 부부의 얼굴은 닮아간다고 한다. 이는 생각하는 방향이 같고 함께 먹는 음식이 같고 서로 마주 보고 있는 시간이 많고 마음이 하나로 모이기 때문이다. 자신의 얼굴을 꼭 닮은 다른 사람을 만나본 적이 있는가? 아름다운 꽃은 누구를 위해 피어날까? **꽃은 스스로 자리를 옮기지 않는다. 다만 향기를 내뿜어 내가 그곳에 있음을 알릴 뿐이다.** 우리들은 그 향기를 나침반 삼아 그 꽃을 찾아갈 수 있다. 오렌지를 짜면 오렌지주스가 나온다. 그 주스는 오렌지에서 나온다. 나만의 색깔 나만의 향기 나만의 당당함을 먹고 자란 **나만의 꽃은 누굴 닮았을까? 나만의 독특함이 나만의 향기가 될 것이다. 나를 닮은 그** 꽃이 나를 보면서 방긋방긋 싱글벙글 웃고 있는가?

나도 한번 해볼까?

송란교 지음

인쇄 1판 1쇄 2021년 10월 7일
발행 1판 1쇄 2021년 10월 14일

지 은 이 : 송란교
펴 낸 이 : 김천우
펴 낸 곳 : 도서출판 천우
등 록 : 1992. 2. 15. 제1-1307호
주 소 : 서울시 성동구 무학봉28길 6 금융빌딩 2F
전 화 : 02)2298-7661
팩 스 : 02)2298-7665
http://moonhak.wla.or.kr
E-mail : chunwo@hanmail.net

값 15,000원

ISBN 978-89-7954-847-1